地図から読み解く自然災害と防災(減災)

酒井 多加志 著

近代消防社

目次

Ⅰ 自然災害・防災と地図記号

Ⅰ-1 地図記号 ……………………………………… 2
(1) 氾濫に関係する地図記号 ………………………… 2
(2) 高潮・高波・津波に関係する地図記号 ………… 4
(3) 地震、地すべり、崖崩れに関係する地図記号 … 5
(4) 火山災害に関係する地図記号 …………………… 8

Ⅰ-2 等高線 ………………………………………… 10
(1) 等高線とは ………………………………………… 10
(2) 地性線図 …………………………………………… 11
(3) 段彩図 ……………………………………………… 11

【練習問題 (1)】／**10**　(2)／**11**　(3)／**12**

Ⅱ 自然災害・防災を読図する

Ⅱ-1 河川氾濫 ……………………………………… 16
(1) 外水氾濫 …………………………………………… 16
　①輪中と安八水害 ………………………………… 16
　②小貝川と母子島遊水地 ………………………… 19
(2) 内水氾濫 …………………………………………… 21

Ⅱ-2 高潮 …………………………………………… 24

Ⅱ-3 津波 …………………………………………… 28
(1) 三陸海岸の津波 …………………………………… 28
(2) 過去の津波対策 …………………………………… 29
　①岩手県宮古市田老町 …………………………… 29
　②岩手県釜石市唐丹町本郷 ……………………… 31
　③岩手県山田町山の内 …………………………… 32
(3) 東日本大震災と津波 ……………………………… 33
(4) 公共施設の立地について ………………………… 34
(5) リスボン大震災と津波 …………………………… 38

Ⅱ-4 地震 ……………………………………… 40
　　（1）阪神・淡路大震災（神戸市垂水区多聞台）…… 40
　　（2）関東大震災（東京都墨田区向島）……………… 43
Ⅱ-5 地すべり ………………………………… 45
　　（1）北海道釧路町入境学 ……………………… 45
　　（2）静岡市清水区由比町寺尾 ………………… 45
　　（3）北海道積丹町沼前 ………………………… 46
Ⅱ-6 火山 ……………………………………… 48
　　（1）北海道有珠山 ……………………………… 48
　　（2）長崎県雲仙岳 ……………………………… 51
Ⅱ-7 暴風雪 …………………………………… 55
　　（1）防風雪林 …………………………………… 55
　　　　①北海道中標津町 …………………………… 55
　　　　②北海道剣淵町 ……………………………… 57
　　（2）防火帯 ……………………………………… 59
Ⅱ-8 旱害 ……………………………………… 62
　【練習問題（4）】／**48**

Ⅲ 歴史に見る自然災害と防災

Ⅲ-1 信玄の治水事業 ………………………… 68
Ⅲ-2 木曽三川の治水事業 …………………… 71
　　（1）宝暦治水工事 ……………………………… 71
　　（2）デ・レーケの治水工事 …………………… 73
Ⅲ-3 島原大変肥後迷惑 ……………………… 74
Ⅲ-4 淀川の治水事業 ………………………… 76

Ⅳ 災害地名をたどる

Ⅳ-1 高知 ……………………………………… 80
Ⅳ-2 早稲田 …………………………………… 81
Ⅳ-3 呉 ………………………………………… 82

V 先人から学ぶ防災 －安政の地震と防災教育－

- V−1 安政の地震 …………………………………… 86
- V−2 大地震津なみ心え之記碑 ………………… 86
- V−3 稲むらの火 …………………………………… 88

VI 学校における避難所運営と防災教育

- VI−1 熊本地震の概要 …………………………… 94
- VI−2 データからみた避難場所としての学校 ……… 94
    - (1) 熊本市における震災時の避難場所 ………… 94
    - (2) 熊本地震後の県内学校の対応 …………… 95
- VI−3 新聞報道からみた学校の対応 …………… 95
    - (1) 避難所や避難者の様子に関する情報 ……… 95
    - (2) 学校の休校情報 …………………………… 96
    - (3) 学校再開に向けての動き ………………… 96
    - (4) 学校再開と問題点 ………………………… 97
    - (5) 学校再開後の児童・生徒への心のケア …… 97
- VI−4 学校における避難所運営の事例 ………… 98
    - (1) 事例地域の概要 …………………………… 98
    - (2) 春竹小学校の避難所運営 ………………… 99

VII 防災まち歩き

- (1) 防災マップを見よう ………………………… 106
- (2) 危険なものをチェックしよう ……………… 107
- (3) 避難場所、避難ルートをチェックしよう …… 108
- (4) 聞き取りをしよう …………………………… 109
- (5) 防災マップを考えよう ……………………… 109
- (6) 自然災害に強い街とは？ …………………… 110

あとがき 111

参考資料 113

地名索引 116

人名索引 118

事項索引 119

I 自然災害・防災と地図記号

I-1 地図記号

　私たちが住んでいる地域はどのような自然災害が起こりやすいでしょうか？また、自然災害に対してどのような対策を取っているでしょうか？地形図を使って自然災害および防災（減災）を読図するには、いくつかの地図記号を知っておく必要があります。ここでは地形図の読図にあたって、皆さんに知っておいてもらいたい地図記号を紹介します。

（1）氾濫に関係する地図記号

■堤防（土）

　河川の氾濫や高波、高潮を防ぐために、河川あるいは海岸に沿って土砂などを盛った構造物を堤防といいます。この記号で示された堤防は土堤となっています。

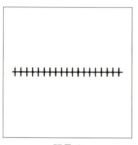
記号1

図1

写真1　多摩川堤防

　東京都狛江市付近の多摩川左岸の堤防。1974（昭和49）年9月の台風16号により左岸の堤防が決壊し、19棟の家屋が流されました。決壊箇所には多摩川決壊の碑が建立されています。写真では堤防の左側が狛江の市街地、右側が多摩川になります。

■堤防（コンクリート）

　本来はコンクリートや石で覆われた護岸を示す記号ですが、堤防がコンクリートや石で覆われた場合にもこの記号が用いられます。記号ではコンクリートや石で覆われている側を半円の突起物で示しています。

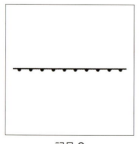
記号2

図2

写真2　神崎川堤防

大阪市西淀川区を流れる神崎川の堤防。このタイプの堤防はその形状からカミソリ堤防とも呼ばれています。この地域はかつて地下水のくみ上げにより地盤沈下が起こりました。堤防背後の市街地は海抜ゼロメートル地帯となっています。

■ 砂防ダム
　堰を表す記号ですが、砂防ダムにも用いられます。砂防ダムは流水を制御し、土砂を堰き止める役割を果たしています。

記号3　　　　　図3　　　　　写真3　杣谷砂防ダム

　神戸市灘区都賀川上流の杣谷に設けられた砂防ダム。六甲山は風化しやすい花崗岩質の岩石からできているため、豪雨になると大量の土砂や石が河川を流れ下ります。1938（昭和13）年7月の阪神大水害では市街地に大きな被害を出しました。そのため、六甲山の河川には多くの砂防ダムが設置されています。

■ 水準点・標高点
　水準点は地形図を作成する際の高さの基準となります。記号の横に書かれた数値はその地点の高さ(m)を示しています。他に高さを示す記号として標高点があります。標高点は "・15" のように表記されます。数字は標高点の高さ(m)を示しています。水準点に似た記号に三角点がありますが、こちらは位置の基準となります。建物の屋上に設置されていることもあり、必ずしも土地の高さを示しているわけではありません。

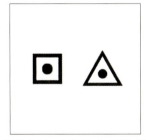

記号4（左：水準点、右：三角点）　　図4　　　　　写真4　釧路市幣舞町の水準点

　釧路市幣舞町の気象台跡にある水準点。水準点の高さは30.7mです。一般には石柱が埋め込まれていますが、中には金属標のものもあります。水準点は主に主要道路に沿って設置されています。

I 自然災害・防災と地図記号

■比高

　比高は2地点間の高さの差をいいます。堤防の場合、住居や農地がある側の地面から堤防までの高さ(m)をいいます。河川側からみた堤防の高さではないことに注意しましょう。

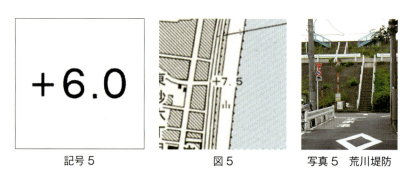

記号5　　　　図5　　　　写真5　荒川堤防

　東京都江東区の東京メトロ東西線南砂町駅近くの荒川堤防。"+7.5"と記されていることから、市街地からみた堤防の高さは7.5mであることがわかります。

■水制

　水制とは河川の水の勢いを弱めたり、方向を変えたりするために築かれた構造物をいいます。河岸の浸食を防ぐ役割も果たしています。

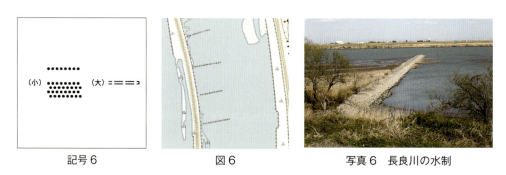

記号6　　　　図6　　　　写真6　長良川の水制

　岐阜県の長良川右岸に見られる水制。明治末にオランダ人技師ヨハネス・デ・レーケによって木曽三川改修事業の一環として建設されました。

（2）高潮・高波・津波に関係する地図記号

■防波堤

　防波堤とは外洋からの波浪を防ぎ、港内を静穏に保つために海中に作られた堤をいいます。

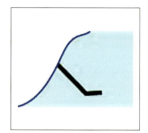 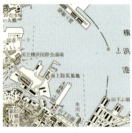 

記号7　　　　図7　　　　写真7　横浜港内防波堤

イギリス人技師ヘンリー・スペンサー・パーマーが設計し、1896（明治29）年5月に完成した横浜港の内防波堤。120年以上にわたり横浜港を波浪から守っています。

■防潮堤

防潮堤は津波の侵入を防ぐために海岸に沿って作られた堤をいいます。記号は堤防と同じです。

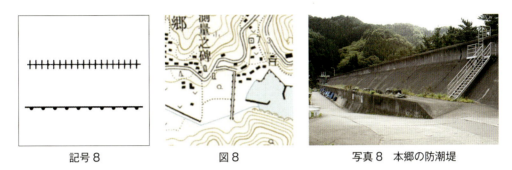

記号8　　　　　図8　　　　　写真8　本郷の防潮堤

岩手県釜石市本郷の防潮堤。堤の両側がコンクリートで覆われているため、2本の平行する堤防（コンクリート）の記号で示されています。防潮堤の高さは約10mありますが、東日本大震災では津波はこの防潮堤を乗り越え、防潮堤背後の家屋群は壊滅状態になりました。

■水門

水門は出排水、水量調節のために設置されます。津波や高潮の多発地帯では、河川を遡る津波や高潮を防御する役割を果たしています。

記号9　　　　　図9　　　　　写真9　安治川水門

大阪湾からの高潮を防ぐために、大阪市の安治川河口付近に設置された安治川水門。日本最初のアーチ型水門で、アーチ型のゲートが手前に倒れることで水路を閉鎖します。

（3）地震、地すべり、崖崩れに関係する地図記号

■電子基準点

GPS衛星からの電波を受けて正確な測量を行うために、国土地理院が作った基準点。地殻変動を監視する役割も果たしています。記号の横に書かれた数値はその地点の高さ（m）を示しています。

記号10　　　　　　　　図10　　　　　　　写真10　釧路市桜ヶ岡の電子基準点

　釧路市内の小学校の校内に設置された電子基準点。高さは5mあり、上部は衛星からの電波を受信するアンテナになっています。

■崖（岩）

　等高線で傾斜を示すのが困難な場合は崖の記号が用いられます。崖は自然に形成される場合と人工的に作られる場合とがありますが、ともに地震や豪雨等により崩壊する危険があります。この記号で示された崖は、"岩"の崖となっています。

記号11　　　　　　　　図11　　　　　　　　写真11

　北海道積丹半島は山地が海岸に迫り、海食崖（波の浸食によってできた崖）が連続しています。1996（平成8）年2月10日（土）に北海道余市町の豊浜トンネル出入り口付近で大規模な岩盤崩落が発生しました。通行中の路線バスおよび乗用車各一台が巻き込まれ、20名の尊い命が失われました。トンネルの入口付近には慰霊碑が建立されています。

■崖（土）

　この記号で示された崖は、"土"の崖となっています。

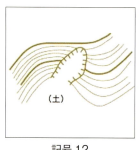  

記号12　　　　　　　　図12　　　　　　　写真12　釧路川河口付近の段丘崖

北海道釧路市の釧路川河口部左岸に見られる高さ約20mの崖。釧路段丘と呼ばれる海岸段丘の段丘崖で、急傾斜地崩壊危険区域に指定されています。

■干潟、湿地、水田

干潟、湿地、水田を埋め立ててできた土地は地盤が軟弱で、その上に建てられた建造物は地震の際、揺れが大きくなり、被害が大きくなることがあります。

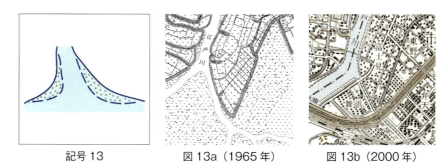

記号13　　　図13a（1965年）　　　図13b（2000年）

千葉県浦安市の海岸はかつて干潟が広がっていました（1965年の干潟の記号は現在のものとは異なっています。）。1975年～1980年に大規模な埋め立てが行われ、市街地が形成されました。東日本大震災では液状化現象（地震の揺れによって砂質の地盤が液体のようになる現象）が発生した地域があり、建物や道路に大きな被害を出しました。

記号14　　　図14a（1973年）　　　図14b（2002年）

釧路町の桂木地区はかつて湿原が広がっていました。人口増加に伴い1970～80年代に湿原が埋め立てられ、住宅地として発展しました。1993年の釧路沖地震では建築物の耐震化が進んでいたこともあり、大きな被害は出ていません。

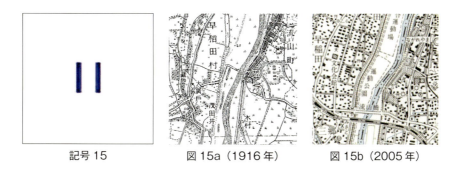

記号15　　　図15a（1916年）　　　図15b（2005年）

Ⅰ　自然災害・防災と地図記号

かつて江戸川・荒川流域は水田地帯が広がっていましたが、東京の発展とともに水田は埋め立てられ、宅地化が急速に進行しました。早稲田という地名にかつて水田地帯であった名残が見られます。

■海、湖沼、河川

海、湖沼、河川を埋め立ててできた土地も地盤が軟弱で、地震の際、被害が大きくなることがあります。

図16a（1916年）　　　図16b（2005年）

千葉県我孫子市布佐・都地区の市街地は1870（明治3）年の利根川の氾濫でできた沼を1952年に埋め立てることによってできました。東日本大震災の際に液状化現象が発生し、埋め立て地では大きな被害を出しました。

（4）火山災害に関係する地図記号

■噴火口・噴気口、おう地

噴火口・噴気口は現在活動しているもの以外に、数年後に活動する恐れのあるものも含まれています。おう地は地面が局地的に窪んだ場所をいいます。火口の窪地はおう地の記号で示されています。

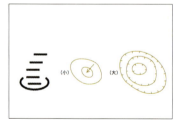  

記号16（左：噴火口・噴気口、中・右：おう地）　　図17　　写真13　有珠山西山山麓火口群

北海道有珠山の西山山麓の火口群。火口は2000（平成12）年の噴火によってできました。現在は西山山麓火口の散策路が整備され、観光ならびに有珠山の火山活動を学習する場となっています。

■溶岩

　火山および火山周辺地域には広範囲にわたって岩の記号が分布していることがあります。これらはかつての噴火活動により火口から流れ出した溶岩が固まったものです。

記号17　　　　　図18　　　　　写真14　桜島の溶岩原

　鹿児島県の桜島港の背後に広がる溶岩。1914（大正3）年の桜島の噴火で流れ出した溶岩が固まったもの。現在は遊歩道が設置され、多くの観光客が訪れます。

■砂れき地

　砂れき地の記号は海岸や河岸においてよく見られますが、火山周辺でも見られます。火山周辺の砂れき地の中には火山性堆積物（火山灰や火山礫など）が降雨により土石流となって流れ出したことによって形成されたものもあります。

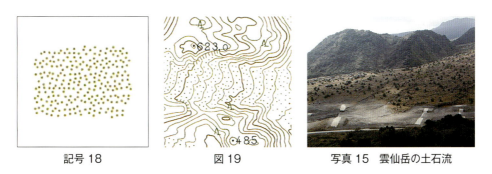

記号18　　　　　図19　　　　　写真15　雲仙岳の土石流

　1990（平成2）年に始まる長崎県の雲仙岳の噴火では幾度となく土石流が発生し、大量の砂れきが運ばれてきました。谷は土石流によって埋め尽くされています。

[課題]
　身近な地域の地形図を購入し、上記の地図記号を探しましょう。見つけた地図記号が、自然災害と関係があるのかどうかを調べてみましょう。

I-2
等高線

(1) 等高線とは

　等高線とは同じ高さの地点を結んでできた線をいいます。等高線は土地の起伏を見る上で重要な記号ですが、読図する際には線としての情報を面としての情報に変換しないといけないため、他の地図記号と比べて理解しにくいかもしれません。等高線が原因で地図嫌いになった人もいるのではないでしょうか。ここでは作業を通じて等高線に慣れていきましょう。等高線の達人ともなれば、等高線を見ただけで実際の地形が浮かんでくるそうです。

　はじめに等高線の基本的なルールについて説明しましょう。等高線には計曲線、主曲線、補助曲線の3種類があります。2万5千分の1地形図では等高線（主曲線）は10mごとに茶色の実線で描かれます。このうち、0m、50m、100m、150m・・・の等高線は計曲線と呼ばれ、やや太く描かれます。5万分の1地形図では等高線（主曲線）は20mごとに茶色の実線で描かれます。このうち、0m、100m、200m、300m・・・の等高線は計曲線と呼ばれ、やや太く描かれます。傾斜が緩やかな場所では主曲線と計曲線だけでは地形の特徴を十分示せないことがあります。その際は、5メートルまたは2.5メートルごとの等高線で示します。この等高線を補助曲線といい、茶色の長破線で描かれます。窪地を示す場合、小さな窪地の場合は記号16の中図のように矢印を使って、大きな窪地の場合は記号16の右図のように表記されます。等高線の間隔が広いところは傾斜が緩やかに、狭いところは傾斜が急になっています。崖のように傾斜を等高線で示すことができない場合は、崖の記号（記号11、記号12）で示されます。

練習問題(1)

　下の図に書かれている数値はその地点の高さを、ハッチは海と河川を示しています。この数値を基に10m間隔で等高線を書き込みましょう。なお、等高線は交わったり、海や湖沼の上に描かれることはありません。

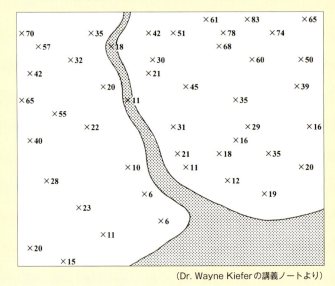

(Dr. Wayne Kieferの講義ノートより)

【解答は13ページ】

（2）地性線図

　地形図に地性線を書き込むと、地形の起伏がより鮮明となり、読図が容易になります。地性線には尾根線（凸線）と谷線（凹線）があります。尾根線とは山頂から連なる稜線のことで、山頂から等高線が張り出している方向に線を引いていくと尾根線になります。谷線とは谷底のことで、谷底を流れている河川をたどっていくと谷線になります。河川のないところは上流に向かって等高線が張り出している方向に線を引いていきます。

練習問題(2)　下の2万5千分の1地形図の青谷川流域の尾根線を赤色で、谷線を青色で描きましょう。

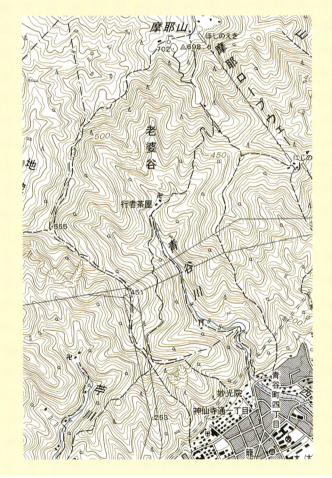

【解答は13ページ】

（3）段彩図

　高度帯ごとに着色した地図を段彩図といい、一目見ただけで高い場所と低い場所が理解できます。学校で使用される地図帳の日本地図や世界地図には段彩が施されています。

練習問題(3) 下の2万5千分の1地形図(×1.08)の計曲線を鉛筆でたどりましょう。
次の凡例に従って高度帯ごとに着色し、段彩図を作成しましょう。

| こげ茶 | 300〜350m | 茶 | 250〜300m | 黄 | 200〜250m |
| 黄緑 | 150〜200m | 緑 | 100〜150m |

【解答は14ページ】

【参考文献】

・五百沢智也(1989):『最新地形図入門』,山と渓谷社.
・(財)日本地図センター編集(1996):『地形図 図式画報』,(財)日本地図センター.

解答

練習問題(1)

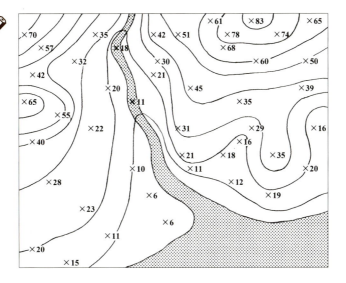

練習問題(2)

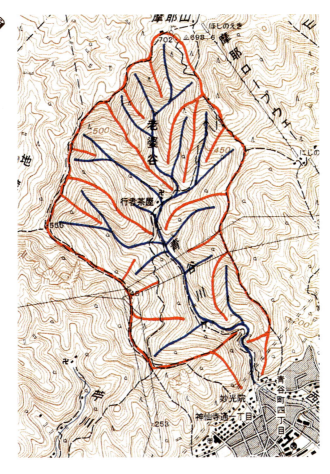

Ⅰ 自然災害・防災と地図記号

練習問題(3)

| こげ茶 | 300〜350m | 茶 | 250〜300m | 黄 | 200〜250m |
| 黄緑 | 150〜200m | 緑 | 100〜150m | | |

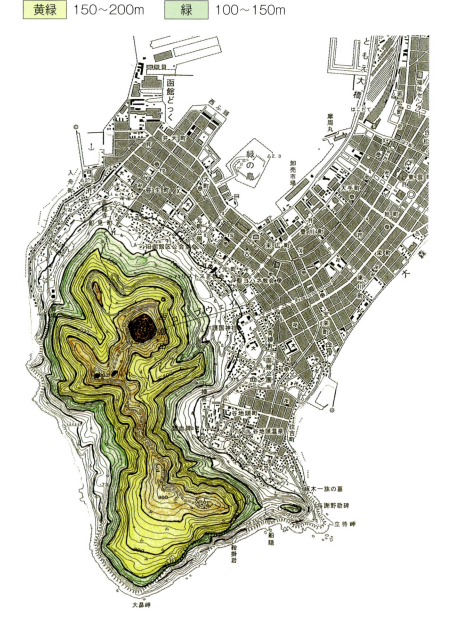

II 自然災害・防災を読図する

Ⅱ-1 河川氾濫

　河川の氾濫には外水氾濫と内水氾濫があります。外水氾濫とは河川の水位が上昇し、堤防から河川の水があふれる、あるいは堤防が破堤することによって起きる氾濫をいいます。それに対して内水氾濫とは市街地に降った雨が排水能力を超えたために起きる氾濫をいいます。

（1）外水氾濫

①輪中と安八水害

　木曽三川と呼ばれる木曽川、長良川、揖斐川の下流域は水害常襲地帯ですが、水害を防ぐために江戸時代の初め頃から自然堤防を利用した堤防が集落および農地の周囲に築かれてきました。これらの堤防に囲まれた地域およびその地域に形成された水防共同体を輪中といいます。輪中を囲む堤防を輪中堤と呼びますが、輪中堤は戦後、河川改修や上流部でのダム建設や植林により水害が減ったためにその役割が低下し、土地改良事業や道路の整備に伴い、次々と取り壊されていきました。しかし、1976（昭和51）年に中京地方を襲った台風17号は輪中堤の役割を再認識させることになりました。すなわち、台風17号の接近に伴い活発化した前線が長良川および揖斐川流域に記録的な豪雨をもたらし、9月12日に岐阜県安

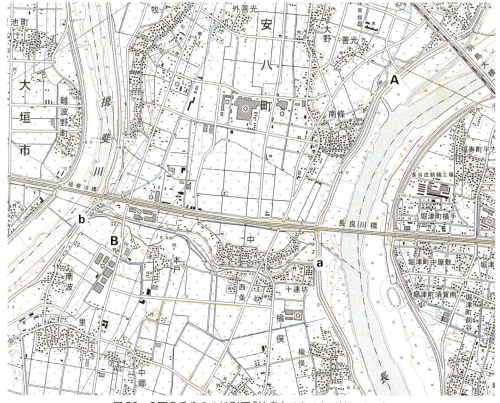

図20　2万5千分の1地形図「竹鼻」平成19年更新（×0.75）

八町大森で長良川堤防が約80mにわたって決壊しました（写真16、図20のA）。当時、河川の最高水位は堤防の高さよりも2m以上低かったものの、長時間にわたって高水位が続いたため堤防がもろくなり、決壊したとのことです。A地点から堤内地、すなわち堤防で囲まれた集落や田畑側に流れ込んだ濁流は安八町内に広がりました。このうち下流の輪之内町へ向かった濁流は、安八町と輪之内町の境界付近に残されていた福束輪中堤（写真17、図16のa-b）と呼ばれる堤に阻まれました。これにより輪之内町から下流域は水害を免れることができました。一方、行き場を失った濁流は上流へと向かい、安八町と旧墨俣町のほぼ全域にあたる約17万km²が最大3mの深さまで水没しました。安八町と旧墨俣町内の輪中堤はすでに取り壊されており、輪中堤として機能していませんでした。この水害により、水防活動をしていた区長が1名亡くなるとともに、両町で計3,536世帯が床上浸水し、被害総額は約130億円に達しました。決壊現場には決壊場所を示す碑と殉職された区長の冥福と安八町の治水を祈願した治水観音尊像が建立されています（写真18）。決壊の碑は地形図では記念碑の記号で示されています。また、決壊現場に隣接した場所には水防資材置き場が設けられています。ここには防災用の土砂とブロックが保管されています（写真19）。

それでは、水害から輪之内町を守った福束輪中堤とその周辺地域を地形図から読み取っていきましょう。福束輪中堤は地形図では安八町と輪之内町の境界線の南側のところに土堤（堤防（土））の記号で示されています。福束輪中堤の標高（海抜高）はどれくらいあるでしょうか？輪之内町側から見た福束堤防の高さ（比高）は西条集落の西方の土堤上に"+8"と書かれていることから、8mであることがわかります。西条集落の標高は等高線から5m程度であることが読み取れますので、西条付近の福束輪中堤の標高は13mくらいになるでしょう。また、本戸集落近くの土堤上に三角点の記号があり、"9.5"と書かれていることから、本戸集落近くの福束輪中堤の標高は9.5mであることがわかります。洪水ピーク時には高さ7.4mのところまで浸水しましたが、福束輪中堤は浸水位より高く、濁流を防ぐことができたことがわかります。しかし、当時福束輪中堤を2本の県道が横切っており、その箇所が切割となっていました（写

写真16　長良川決壊箇所
（2015年3月撮影）

写真17　福束輪中堤
（2015年3月撮影）

写真18　治水観音尊像
（2015年3月撮影）

写真19　水防資材置き場
（2015年3月撮影）

写真20　福束輪中堤の切割
（2015年3月撮影）

真20)。そこで住民は2カ所の切割を土嚢で塞ぎ、輪之内町への濁流の流入を食い止めました。このような対応がなければ、濁流が切割から一気に流入し、輪之内町も水没していたことでしょう。

この福束輪中堤を挟んで、北と南に集落が見られますが、両集落は対照的な場所に立地しています。福束輪中堤の北に位置する中集落は周囲を5mの等高線に囲まれ、かつ集落の中心部に8mの標高点があることから、集落は標高5〜8m程度の微高地に立地していることがわかります(写真21)。この微高地は東西方向に細長く連なっていることから自然堤防であることがわかります。中集落は自然堤防上に立地しているものの、前述したように洪水ピーク時の浸水位が7.4mであることから、集落内の家屋は床上・床下浸水の被害を受けたことが推測されます。揖斐川左岸に南北方向に細長く伸びる牧集落も同様に5mの等高線に囲まれていることから、自然堤防上に立地していることがわかります。

一方、堤防の南には十連坊、西条、本戸の3つの集落が見られます。これらの集落は輪之内町全域に広がる福束輪中と呼ばれる大規模な輪中の中に立地しています。輪中内は平坦地が広がっており、十連坊、西条、本戸をはじめとする集落は地形図の標高点と等高線からもわかりますように5m以下の平坦地に立地しています。従って福束輪中堤がなければ、安八町から濁流が流れ込み、福束輪中内の集落、すなわち輪之内町は完全に水没していたでしょう。

このように福束輪中内の集落は標高が低いため、水害対策としての高屋敷住宅(石垣を施した土盛りの上に築かれた家)(写真22)や水屋(母屋よりも高い場所に築かれた避難小屋)(写真23)を、今なお集落内に見ることができます。また、図20のBにある吉野神社の祠は石垣を施した盛土の上に建てられています(写真24)。しかし、近年、堤防の整備とともに、特に水屋はその数が減ってきています。

ところで、福束輪中堤の北には長良川と揖斐川を結ぶ河川が見られます(前掲写真21)。この河川は中村川と呼ばれ、長良川と揖斐川の水量調整をする役割を果たしていました。すなわち、長良川が増水すると長良川の水を揖斐川に流し、揖斐川が増水すると揖斐川の水を長良川に流して

写真21　中集落と中村川
(2015年3月撮影)

写真22　福束輪中内の高屋敷住宅
(2015年3月撮影)

写真23　福束輪中内の水屋
(2015年3月撮影)

写真24　吉野神社
(2015年3月撮影)

写真25　福束輪中堤の燈明
(2015年3月撮影)

いました。200年ほど前にこの中村川が増水して福束輪中堤が切れ、濁流が福束の輪中内に入ってきたことがありました。そこでこの堤が切れないことを願い、堤の上には燈明が建立されています（写真25）。

　輪中は周囲を堤防に囲まれているため、自然排水ができず、豪雨時には輪中内の農地や住宅が浸水する内水氾濫の危険をはらんでいます。また、水田や畑から出る排水（悪水）をどう処理するかという問題もあります。そこで輪中には輪中内の水を河川に排水する排水機場が設置されています（写真26）。地形図では外善光の集落の西を南流する中須川が揖斐川に合流する地点（名神高速道路の揖斐川橋の南）にトンネルの記号が見られますが、このトンネル入口の左上の建物の記号が排水機場です。トンネルの中に入った中須川の水はこの排水機場で揚水され、揖斐川に排水されています。この排水機場は中須川排水機場と呼ばれ、1秒あたり10.3tの排水能力を持っています。

写真26　中須川排水機場
（2015年3月撮影）

> **作業**　図20の地形図の中集落および牧集落周辺に見られる5mの等高線を茶色で塗りましょう。次に、福束輪中堤を緑色で塗りましょう。作業を通して、5mの等高線と集落の関係、福束輪中堤の役割について確認しましょう。

②小貝川と母子島遊水地

　小貝川は利根川の一支流で、栃木県に端を発し、茨城県の西部を南流します。中下流は平坦地を流れるため、河川勾配が1/3,000〜1/6,000と緩やかです。そのため、氾濫時には水が引きにくく、また下流部では利根川の逆流の影響を受けます。このことから、小貝川流域の住民は繰り返し洪水の被害を受けてきました。

　近年では1986年8月4日に温帯低気圧となった台風10号が関東地方を直撃し、24時間の平均雨量が300mmを越す大雨を小貝川流域にもたらしました。これにより水量を増した小貝川は堤防2箇所を決壊させ、無堤部では水があふれ出し、浸水面積4,300ha、浸水家屋4,500戸に及びました。翌9月に小貝川は建設省の直轄河川激甚災害対策特別緊急事業の採択を受け、小貝川中下流部の約10kmの堤防補強、小貝川大橋の付け替え、中上流域での遊水地群の建設が行われました。ここでは、遊水地の一つである母子島遊水地について見ていきましょう。

　遊水地とは洪水時に河川の水を一時的に貯水する土地のことをいい、河川の水量を減らすことによって、洪水の被害を最小限に食い止めます。母子島遊水地は小貝川と大谷川の合流地点の上流側に位置しています。かつてこの地には5つの集落がありましたが（図21a）、1986年の水害でこのうち4つの集落（母子島、飯田、一丁田、椿宮）が水没し、大谷川をやや遡ったところに位置する小釜の集落のみ、ぎりぎり水没を免れました。そこで、小釜集落の東から南にかけての土地約14.4haを5mほど盛土し、小釜集落を含めた5つの集落計

109世帯をこの造成地に移転させました（写真27）。工事は1987に着工し、1990年に完成しました。新たにできた集落は旭ヶ丘と名付けられ、集落の西端には旭ヶ丘集団移転記念碑が建立されました。そして旧集落の跡地と周辺に広がる農地を堤防で囲み、遊水地としました（写真28）。遊水地は南北約2km、東西約1km、面積は160ha、貯水能力は500万m³で、事業費は約200億円かかりました。なお、小貝川の河川管理者（国土交通大臣）は洪水時に浸水させてもらう権利（地役権）を田畑の所有者に支払っています。

図21bを見ると、旭ヶ丘の集落は崖（土）の記号に囲まれており、この集落が周辺より高いところに位置していることがわかります（写真27）。旭ヶ丘の集落の北と東と南に広がる水田および畑は堤防の記号に囲まれていますが、この堤防に囲まれたところが遊水地にあたります。遊水地の北端を東西に延びる堤防は、河川沿いの他の堤防とは異なり水田の中に設置されており（写真29）、洪水の際、

図21a　2万5千分の1地形図「下館」昭和46年修正測量、「真壁」昭和47年修正測量（×0.78）

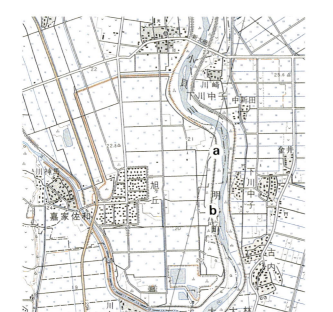

図21b　2万5千分の1地形図「下館」平成11年修正測量、「真壁」平成12年修正測量（×0.78）

写真27　旭ヶ丘
（2014年11月撮影）

写真28　母子島貯水地と筑波山
（2014年11月撮影）

写真29　堤防
（2014年11月撮影）

濁流が堤防から北の田畑に流れ込まないようにしています。また、地形図には示されていませんが、堤防のうち小貝川の堤防の一部（図21bのa-b）は約400mにわたって低くなっています（写真30）。この

写真30　越流堤
（2014年11月撮影）

写真31　母子島初期湛水池と筑波山
（2014年11月撮影）

ような堤防は越流堤と呼ばれ、河川が増水して氾濫の危険が迫った際には、この部分から水を遊水地内に導きます。遊水地の南部に池が3カ所見られますが、これは母子島初期湛水池と呼ばれ、周囲は公園として整備されています。ここは筑波山をバックにした人気の撮影スポットとなっています（写真31）。

作業　図21bの母子島遊水地を囲む堤防を緑色で塗りましょう。次に、旭ヶ丘の集落を囲む崖（土）を茶色で塗りましょう。作業を通して、母子島遊水地の特徴を確認しましょう。

（2）内水氾濫

　東京都江東区は隅田川と荒川とに挟まれた地に位置しています。もともと湿地や砂州、干潟が広がっていましたが、江戸時代以降、次々と埋め立てられ、現在の地盤ができあがりました。しかし、埋め立てられた土地は地盤が低く、江戸時代から高潮や高波の被害、大雨に伴う河川の氾濫などが頻繁に起きていました。特に1791（寛政3）年の高潮では多数の死者・行方不明者を出しました。そこで幕府は洲崎神社（東京メトロ東西線木場駅の南約100m）から西一帯の土地約1万8千平方メートルを買い上げて空き地とし、これより南側に人々が住むことを禁じました。洲崎神社境内と洲崎神社の西約500mに位置する平久橋のたもとには波除碑が建立され（写真32）、高潮の恐ろしさを後世に伝えています。

　大正時代に入ると江東区に多くの工場が進出するようになりました。これらの工場は大量の地下水を汲み上げたため、もともと地盤が低かった土地がさらに沈下し、海抜ゼロメートル地帯と呼ばれる土地が生まれました。現在、海抜ゼロメートル地帯は江東区の面積の約3割を占めています。地下水の採取規制に伴い、昭和40年代末頃から地盤沈下は沈静化していますが、このようにして形成された低地は、大雨の際に雨水が排水されず、また地面がコンクリートやアスファルトに覆われているため、雨水の浸透が妨げられ、地域が冠水する内水氾濫がたびたび起きています。

　江東区の中でも特に地盤沈下が激しいのは南砂町一帯です（図22）。地盤沈下の様子を地形図で見てみましょう。

写真32　波除碑
（2011年11月撮影）

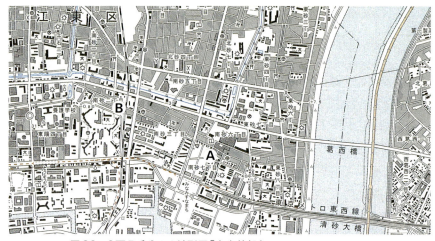

図22 2万5千分の1地形図「東京首部」平成17年更新（×0.78）

南砂町の標高は高さの基準点である水準点および等高線によって知ることができます。水準点の記号は東京メトロ東西線南砂町駅の東に見られます。記号の左側に-2.4という数字が書かれていることから、このあたりの標高が-2.4mであることがわかります。水準点のすぐ東を荒川が南流していますが、この荒川の堤防上に+7.5という数字が書かれています。従って、比高、すなわち市街地から見た堤防の高さは7.5mということになります（前掲写真

写真33 荒川堤防
（2006年9月撮影）

5）。この堤防から市街地を見下ろすと、海抜ゼロメートル地帯というものを実感することができます。ちなみに、この付近の荒川は度重なる隅田川（当時の荒川）の氾濫対策として1911（明治44）年から1930（昭和5）年にかけて開削された人工の河川（放水路）です（写真33）。

次に等高線に注目してみましょう。東京メトロ東西線に沿って等高線が東西方向に延びています。この等高線は標高0mを表しています。東京メトロ東西線の北側にある水準点の標高が-2.4mであることから、東西線の北側は0m以下、南側、すなわち海側は0m以上だということがわかります。なぜ、海側の標高が高いのでしょうか？実はかつてこの等高線に沿った場所に防波堤が築かれ、防波堤の北側は埋め立て地、南側は海になっていました。従って0mの等高線の北側の方が埋め立てられた時期が古く、それだけ長く地盤沈下の影響を受けていました。それに対して、0mの等高線の南側は戦後に造成された新しい埋め立て地であり、地盤沈下の影響をあまり受けていません。このことが標高差となって表れています。0mの等高線上に沿った道路に立ってみると、北側の市街地が低くなっていることがわかります。この道路の北側一帯は窪地になっており、水害の危険が高い地域だといえます。

南砂町の海抜ゼロメートル地帯を歩いていると、ここが水害危険地帯であることを思い起こさせるものを見つけることができます。写真34は東京メトロ東西線南砂町駅北側の入口の写真です。入口には10段の上り階段があり、地下鉄に乗るには一度この階段を上らなけ

ればなりません。入口が上り階段になっているのは氾濫した際に水が地下の駅構内に入るのを防ぐためです。入口には扉が設置されており、氾濫が起きた際には閉じることができます。扉の内側にははしごがあり、扉が閉まっていても入口の建物の上に出ることができます。ちなみに、南砂町駅には他に2つの入口がありますが、ともに0mの等高線に沿った旧防波堤より南側、すなわち0m以上のところに位置しているため、入口への上り階段は見られません。写真35は南砂町駅西隣の東陽駅近くの銀行の写真です。盛土の上に銀行の建物があり、駅と同じく階段を上らないと中に入ることができません。

　写真36は東京メトロ東西線南砂町駅から北へ300mほど行ったところ（図22のA）に立つ標柱です。この標柱には"過去最高の潮位 大正6年 T.P.＋4.21m""キティ台風 昭和24年 T.P.＋2.02m""大正7年の地表面 T.P.＋1.30m"などが記されています。T.P.（Tokyo Peilの略）とは東京湾の平均海水面を意味しており、この標柱からこの場所がどの程度地盤が沈下したのか、河川の堤防が決壊するとどの程度浸水する可能性があるのかを知ることができます。標柱の隣には東京都南砂町地盤沈下観測所があり、1954（昭和29）年から地盤の沈下量と地下水位の変化を観測しています。水位を示した標柱は南砂町駅前の公園や深川公園にも見られます。その他、南砂町駅からはやや離れていますが、江東区役所前およびJR総武線の亀戸駅前には荒川の水位の変化を示すモニュメントが見られます（写真37）。またJR総武線新小岩駅近くには「抜け上がり井戸」と呼ばれる地盤沈下により地面から飛び出したポンプが見られます（写真38）。

　写真39は図22のBにある波除地蔵尊です。町内会館の建物の一角にあるので、歩いていると見落としてしまいますが、この地蔵尊は1917（大正6）年の台風に伴う高波で亡くなった人たちを供養する

写真34　南砂町駅
（2006年9月撮影）

写真35　東陽駅近くの銀行
（2011年11月撮影）

写真36　潮位を示した標柱
（2006年9月撮影）

写真37　亀戸駅前のモニュメント
（2008年10月撮影）

写真38　抜け上がり井戸
（2008年10月撮影）

写真39　波除地蔵
（2011年11月撮影）

Ⅱ 自然災害・防災を読図する

ために建てられたものです。地蔵尊の隣には供養のための碑が建っています。

　以上見てきた標柱やモニュメント、地蔵尊、碑はこの地域が水害に対して危険な場所であることを人々に警告し、水害に対する意識を高める役割を果たしています。江東区のように土地が低いところは大都市海岸部の埋立地や干拓地においてよく見られます。皆さんの住んでいる地域は水害の危険はないでしょうか？地形図で確認してみましょう。

> **作業**　0mの等高線、水準点および標高点の高さをもとに、図22の地形図の0m以下の場所を水色で塗りましょう。作業を通して、0m以下の場所がどれくらい広がっているのか、確認しましょう。

【参考文献】
・安藤万寿男（1988）：『輪中 その形成と推移』，大明堂．
・伊藤安男編著（1996）：『変容する輪中』，古今書院．
・日本地誌研究所編（1969）：『日本地誌 第12巻 愛知県・岐阜県』，二宮書店．
・日本放送協会・日本放送出版協会編集（2008）：『NHK趣味悠々 地形図片手に日帰り旅』，日本放送出版協会．
・藤田佳久・田林明 編（2007）：『日本の地誌7 中部圏』，朝倉書店．
・松田磐余（2008）：『江戸・東京地形学散歩』，之潮．
・宮村忠（1985）：『水害』，中公新書．
・山口恵一郎ほか編（1974）：『日本図誌大系 中部Ⅰ』，朝倉書店．
・吉川勝秀（1991）：小貝川母子島遊水地の越流堤，土木学会誌，76-9．
・http://www.city.chikusei.lg.jp

Ⅱ-2 高潮

　海抜0メートル地帯は海水面より低いため、河川の外水氾濫のみならず、内水氾濫や高潮、さらには津波の脅威にさらされています。前節では外水氾濫と内水氾濫を取り上げましたので、本節では大阪市港区を事例に高潮について見ていきます。

　高潮とは強風および気圧の低下によって海水面が異常に高まる現象をいいます。特に台風に伴う高潮は臨海部に大きな被害を出します。大阪市の臨海部は、第一次世界大戦後、多くの工場が進出するようになりました。もともとこの地は地盤が低かったのですが、工場が大量の工業用水を汲み上げたために地盤沈下が起き、東京都江東区同様に海抜ゼロメートル地帯が広がりました（写真40）。そのため、度々高潮の被害に遭っています。例えば、1934（昭

表1 室戸台風、ジェーン台風、第2室戸台風の被害

	室戸台風	ジェーン台風	第2室戸台風
年月日	昭和9年9月21日	昭和25年9月3日	昭和36年9月16日
浸水面積	4,921ha	5,625ha	3,100ha
浸水家屋	166,720戸	80,464戸	126,980戸
死傷者数	17,898人	21,465人	2,165人
潮　　位	O.P.＋4.20m	O.P.＋3.85m	O.P.＋4.12m

注：O.Pとは大阪湾の干潮時の平均海水面
　　浸水面積、浸水家屋、死傷者数は大阪府の数値
　　津波・高潮ステーションの資料により作成

和9）年の室戸台風では大阪市での潮位が推定4.20mに達し、大阪府だけで166,720戸の家屋が浸水しています（表1）。そこで、高潮対策として防潮堤・防潮扉・防潮水門の建設、盛土工事が行われました。以下、地形図から防潮水門と盛土について読図していきましょう。

写真40　市岡のゼロメートル地帯
（2015年6月撮影）

■防潮水門

　旧淀川（大川）は中之島の西で安治川と木津川に、京セラドーム大阪付近で木津川と尻無川（しりなし）に分かれ、大阪湾に注いでいます。1970年に高潮対策として安治川水門（図23のA、前掲写真9）、尻無川水門（図23のB）、木津川水門が設けられました。これらの水門は船舶の航行が多いため、アーチ型構造になっています。アーチは通常、上に上がっていますが、大型の船舶でも航行できるよう中央部の高さは26.6m、幅は57m確保されています。高潮の危険が迫ると、アーチは上流側に円弧を描くように下り、河川を遮ります。閉鎖時のアーチの扉の高さは7.4mあり、これは室戸台風の潮位よりも高くなっています。また、7.4mは安治川水門付近で想定されている最大津波の水位3.7mよりも高く、津波に対しても効果があるものと考えられます。尻無川水門、木津川水門も構造・規模ともに安治川水門と同じです。これらの防潮水門は安治川と木津川の分岐付近にある津波・高潮ステーションで管理されています。同ステーションには展示棟が併設されており、高潮や地震・津波を学ぶ場となっています。

■盛土

　大阪市港区は港湾施設や多くの工場があったことから、太平洋戦争では空襲に会い、壊滅的な被害を受けました。戦後、復興事業として港地区復興土地区画整理事業と大阪港修築事業が行われましたが、それらに平行して高潮対策として地面をかさ上げする盛土事業が行われました。この事業は低地に約2mの盛土を行うというもので、盛土には安治川の内港化工事および天保山運河と三十間堀川拡幅工事の際に出た土砂が使われました。地形図を見ると

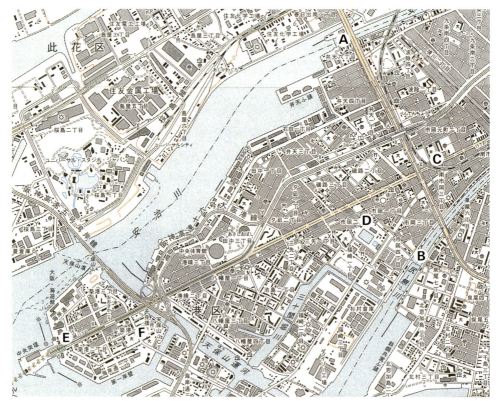

図23　2万5千分の1地形図「大阪北西部」平成20年更新、「大阪西南部」平成19年更新（×0.78）

　弁天埠頭から天保山にかけての安治川の川幅が約500mと広くなっています。ここが安治川が拡幅され内港化されたところです（写真41）。内港化により安治川左岸の土地約92haが削り取られています。なお、隣の大正区では大正内港化工事から出た土砂が大正区の盛土に使用されています。

　盛土工事は1946（昭和21）年から中央突堤背後の埋め立て地において始まりました。1948年からは天保山運河

写真41　安治川内港
（2015年8月撮影）

の北側でも工事が始まりましたが、住民の反対運動が激しくなり、工事はなかなか進まなかったそうです。それが1950年にジェーン台風が来襲した際、盛土された中央突堤背後の埋め立て地は浸水の被害を受けず、盛土の有効性が証明されました。それ以降、反対運動はなくなり、工事は急速に進んだとのことです。

　盛土工事は1967（昭和42）年に完成し、港区では区域790haのうち493haがかさ上げされました。しかし、市岡地区は非戦災家屋が多く残されていたこと、計画時にはすでに多くの家屋が新築されていたことから盛土事業から外されました。そのため、市岡地区の標高は0m以下になっており、盛土された地区との境界には2〜4mほどの段差ができています。写真42（図23のC）と写真43（図23のD）は盛土地区と海抜ゼロメートル地帯の境界付近で撮影したものです。写真42のコンクリート擁壁の上には市岡東中学校が、写真43の石積み

擁壁の上には市岡下水処理場があり、これらの擁壁は0mの等高線にほぼ一致しています。

　盛土予定区域内にある建物は盛土造成された土地へ移築されますが、中には建物はそのままに地面だけがかさ上げされたところがあります。写真44は1935（昭和10）年に建てられた旧天満屋回漕店の建物（図23のE）ですが、建物の前の道路がかさ上げされたため、1階部分が半分地下になっており、2階からも出入りできるようになっています。

　地盤沈下自体は地下水汲み上げ規制と工業用水道整備により、昭和40年頃にはほとんど見られなくなりました。1961（昭和36）年の第2室戸台風以降、港区では水害による大きな被害は出ていません。

　中央突堤背後の埋め立て地にある築港南公園には室戸台風の犠牲者の霊を慰めるために、1936（昭和11）年に風水害記念塔が建てられました。塔は戦災にあったため、現在は碑文のみが残されています（写真45、図23のF）。

写真42　市岡東中学校付近のコンクリート擁壁
（2015年6月撮影）

写真43　市岡下水処理場付近の石積み擁壁
（2015年6月撮影）

写真44　旧天満屋回漕店
（2015年8月撮影）

写真45　風水害記念塔の碑
（2015年6月撮影）

作業　0mの等高線、水準点および標高点の高さをもとに、図23の地形図の0m以下の場所を青色で塗りましょう。作業を通して、盛土された場所がおおよそどれくらい広がっているのか確認しましょう。

【参考文献】

- 大阪市都市整備協会編（1993）：『港地区復興土地区画整理事業誌』，大阪市建設局西部方面土地区画整理事務所．
- 大阪市港区役所総務課編（1993）：『写真集 港の歴史と風景』，大阪市港区役所総務課．
- http://www.city.osaka.lg.jp/minato/page/0000160768.html

Ⅱ-3
津波

（1）三陸海岸の津波

　東北地方の岩手県から宮城県北部の太平洋側に位置する三陸海岸は過去に幾度となく津波の被害に遭っています。明治以降だけでも4度の大きな津波を経験しており、多くの人命が失われました。三陸海岸において津波の被害が多い原因としては、三陸沖に日本海溝が位置し、日本有数の地震発生多発地帯になっていることがあげられます。それに加えて、三陸海岸に見られる出入りの激しいリアス海岸が被害をさらに大きくします。津波は一般に水深の減少ならびに水路幅の減少により波高が高くなります。従って、湾奥において最も波高が高くなります。湾奥は普段は波静かで船を安全に停泊させることができる上、狭いながらも平地が発達しています。そのため漁業集落や港町が立地している場合が多く、このことが津波による被害を大きくしました。津波が"津の波"すなわち"港の波"と呼ばれるのは、過去に津波が幾度ともなく湾奥に位置する漁業集落や港町に大きな被害を与えてきたことによります。

　そのことを、明治三陸地震と昭和三陸地震において、ともに最大波高を記録した岩手県大船渡市の綾里湾を事例に見てみましょう。図24は綾里湾の地形図です。湾は太平洋に向かって大きく開いています（写真46）。明治三陸地震の際には高さ38.2mもの津波が湾奥に位置していた綾

写真46　綾里湾
（2007年11月撮影）

図24　2万5千分の1地形図「綾里」平成13年修正測量（×0.35）

里の集落を襲いました。津波は集落を飲み込んだ上、集落背後の谷を遡り、ついには標高32mの峠（図24のA）を乗り越え、隣の谷にまで達しました。1998（平成10）年にこの峠に"明治三陸大津波伝承碑"が建立されています（写真47）。

写真47　綾里津波碑
（2007年11月撮影）

> [課題]
> 　地図帳等を用いて、三陸海岸の都市や漁村が湾奥に立地しているかどうか、調べましょう。

（2）過去の津波対策

　こうした津波災害に対して三陸海岸の集落では過去にどのような対策を取ってきたのでしょうか？以下、3つの事例を紹介します。

①岩手県宮古市田老町（図25）

　岩手県宮古市田老町は宮古市の北部に位置する人口4千500人あまりの漁業を中心とした集落です。田老町は過去に幾度となく津波の被害を受けてきました。例えば、明治三陸地震津波では2,248人中1,867人が、昭和三陸地震津波では1,798人中762人が亡くなっています。写真48abは田老町の市街地背後の常運

写真48a
明治三陸地震津波の慰霊碑
（2007年11月撮影）

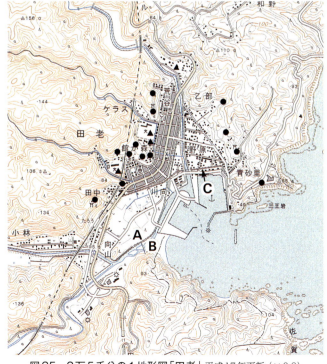

図25　2万5千分の1地形図「田老」平成17年更新（×0.8）

写真48b
昭和三陸地震津波の慰霊碑
（2007年11月撮影）

寺にある明治と昭和の三陸地震津波の慰霊碑です。このような慰霊碑は三陸海岸を巡っていますと、集落内や道路脇などあちらこちらで見ることができ、津波の悲惨さを今に伝えています。田老町では過去の経験を生かし、津波に対して様々な対策が取られてきました。それらを地形図から確認していきましょう。

■防潮堤の建設

田老町では防潮堤と呼ばれる高さ7.7m（海面からは10.65m）の津波よけの堤防が建設されました（写真49）。防潮堤の高さは昭和三陸地震津波の高さ10mを基準に決められました。地形図では防潮堤はコンクリート護岸の記号で示されています。防潮堤は3期にわたって建設されました。第一期（昭和9～15年度、29～32年度、延長1,350m）は旧市街地を取り囲むように、第二期（昭和37～40年度、延長582m）は旧市街地東側の漁港の背後に、第三期（昭和48～53年度、延長501m）は旧市街地南側を流れる田老川左岸に沿って建設されました。

写真49　田老の防潮堤
（2007年11月撮影）

■防潮林の植林

防潮林は津波の力を和らげるとともに津波が運んでくる様々な漂流物をくい止める役割を果たします。1935（昭和10）年に海岸に沿って面積約4haの防潮林が植林されました（図25のA）。樹種はアカマツとクロマツで地形図では針葉樹林の記号で示されています。しかし、田老川沿いに防潮堤（第三期）が築かれたため、防潮林としての役割は終わっています（写真50）。

写真50　田老の防潮林・防潮堤
（2007年11月撮影）

■高潮水門の建設

田老湾に注ぐ2つの河川の河口部には水門が設置されており、地形図にも水門の記号で示されています。この水門は高潮水門と呼ばれ、津波の際には水門を閉じて津波の遡上を防ぎます。田老川河口部に位置する田代川水門（写真51、図25のB）は1978（昭和53）年に完成したもので、水門の開閉は遠隔操作で行われます。

写真51　田代川水門
（2007年11月撮影）

■道路の整備

一般に漁業集落の道路は狭く、迷路状に入り組んでいます。しかし、第一期の防潮堤で囲まれた旧市街地は短冊状の整然とした道路網になっています。すなわち、国道と国道に平行した道路が計4本、これらの道路に直交し、背後の高台に向かう道路が計11本見られます。

これらの道路は昭和三陸地震津波発生後、耕地整理法に基づいて整備されたもので、道路の幅員は広くとられ、住民は速やかに背後の高台に避難することができます。

■ 避難場所と避難場所誘導標識の設置

宮古市では災害時に一時的に避難する場所を避難場所と呼んでいます。宮古市は田老町市街地背後の高台に避難場所を指定していました（図25の●）。市街地には避難場所へ誘導する標識（写真52）が設置され、そこには避難場所の名前の他に避難場所の方向と距離が示されています。これにより街に不案内な人でも速やかに避難することができます。避難場所とは別に避難所が設けられています。避難所とは災害で住まいを失った被災者が避難生活を送るための場所で、学校や公民館などの公共施設が指定されることが多く、田老町でも小中学校などが指定されていました（図25の▲）。

写真52　避難場所を示す標識
（2007年11月撮影）

> **作業**　田老町の防潮堤を茶色で、防潮林を緑色で、高潮水門を青色で、旧市街地の道路を赤色で塗りましょう。作業を通じて、田老市街地の津波対策について確認しましょう。

② 岩手県釜石市唐丹町本郷（図26）

釜石市の南に位置する本郷は、太平洋に広く開いた湾の奥に位置する漁業集落です。明治三陸地震津波および昭和三陸地震津波ではともに海岸付近にあった家屋は一戸残らず津波に流され、壊滅的な被害を受けました。そこで、集落（84戸）を背後のやや高い場所に移転させました。これを集落の高台移転といいます。地形図では本郷集落を東西に横切る道路の北側に建物の記号が三角の形に集まっていますが、これが高台移転した集落です（図26のA）。集落の標高は等高線から10数m〜40mであることがわかります。

写真53は測量之碑（伊能忠敬が天体観測をしたことを記念して建立）から見た本郷の集落です。右手の山腹に向かって延びる家屋群が高台移転した家屋です。高台移転した集落内には一直線に山腹に向かって延びる道路があり（写真54）、道路の先に避難場所が設けられています。しかし、その後海岸に沿って高さ約10mの防潮堤が建

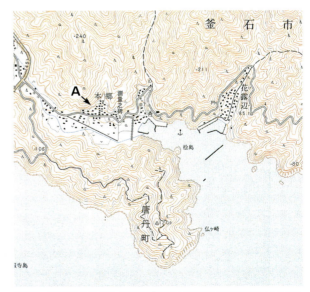

図26　2万5千分の1地形図「平田」平成13年修正測量（×0.78）

設されると（前掲写真8）、防潮堤の背後の低地にも家屋が建つようになりました（写真53左側の家屋群）。

集落の高台移転は、津波の被害を受けてきた太平洋沿岸各地で行われました。しかし、移転した住民の多くは漁業に従事していたため、高台での生活は不便でした。住民から津波の記憶が忘れ去られた頃、本郷と同じく低地や海岸付近に居住するものが現れ、再び元の場所に集落が形成されました。当然のことながら、このような集落は再び津波の危険にさらされることになります。

写真53　本郷集落
（2007年11月撮影）

写真54　本郷集落の避難路
（2007年11月撮影）

③岩手県山田町山の内（図27）

一方で、岩手県山田町にある山の内集落のように、海岸近くに戻らなかった集落があります。この集落がなぜ海岸近くに戻らなかったのでしょうか？その理由を地震学者である今村明恒（あきつね）は『地震漫談』の中で次のように紹介しています。

「此の行者が、一日、陸中の国は船越ノ浦（ふなこし）に現はれ、里人を集めて数々の不思議を示し、後戒めて言ふには、卿等の村は向こふの丘の上に建てよ、決して此の海浜に建てゝはならない。若し此戒を守らなかつたら、災害立どころに至るであらうと。行者の奇蹟に魅せられた村人は能く其教を守り、爾来（じらい）千二百年間敢へて之に叛く様な事をしなかつた。」

"此の行者"とは奈良時代の有名な行者である役小角（えんのおづの(ぬ)）のことです。役小角がこの地を訪れ、このような事を言ったのかどうかはわかりません。恐らくこの村の住民は津波に遭うと高台に移転し、津波が忘れ去られたころに海岸に戻る、そして再び津波に遭う、ということを繰り返し経験してきたのでしょう。その結果、集落は幾度となく津波による壊滅的な被害を受け、多くの方が亡くなったと思われます。そこで生き残った村人が子孫を守りたいが故に知恵を絞って、このような話を作ったのではないで

図27　2万5千分の1地形図「陸中山田」平成13年修正測量（×0.75）

しょうか。有名な行者の名を出せば、皆が従うと考えたのかもしれません。役小角の話は別としても、1,200年以上もの間、村人たちはご先祖様に守られてきたことになります。

　船越ノ浦はどのように危険なのか、図27の地形図で確認してみましょう。船越は北に山田湾、南に船越湾に挟まれた地にあり、その標高は等高線や標高点から5m以下であることがわかります。ちなみに、山田湾と船越湾に挟まれた低地は陸繋砂州と呼ばれ、海岸近くにあった島と本土との間に砂礫が堆積することによってできたものです。もし地震が起きて津波が発生したら、船越の地は北と南から津波に襲われ、壊滅的な被害に遭うでしょう。事実、船越湾の湾奥にはかつて船越集落がありましたが、明治三陸地震津波では400戸の家屋が流失し、1,000人以上の死者を出しています。そのため、津波後、集落は現在のJR山田線"いわてふなこし駅"西の高台に移転しています。

　一方、地震漫談の中で紹介された集落は山の内と呼ばれる集落で、船越湾の西の高台に位置しています（写真55）。等高線から標高は10～40mあり、集落の海側は岩の崖になっていることがわかります。そのため、明治三陸地震津波では被害を出していません。

　この船越という地名は日本各地に見られますが、この地名は"船が越える場所"に由来しています。従って、湾と湾に挟まれた低地である事が多く、津波に対して危険な場所といえます。

写真55　船越湾と山の内集落
（2007年11月撮影）

（3）東日本大震災と津波

　三陸海岸では以上紹介したような津波対策が取られてきたにもかかわらず、今回の東日本大震災では再び津波による大きな被害を出しました。

　宮古市田老町では防潮堤および高潮水門をはるかに越える高さの津波が押し寄せ、特に第二期に建設された防潮堤は完全に破壊されました（写真56、図25のC）。自然災害に対する人工構造物の限界を示したものといえます。市街地は壊滅状態となり、第一期と第三期の防潮堤ならびに一部の鉄筋コンクリートの建物のみが残されています（写真57）。田老町では死者・行方不明者をあわせて188人を出しましたが、その背景には避難場所、避難ルートが整備され、かつ避難時間があったにもかかわらず、「万里の長城」とも呼ばれた防潮堤を信用し、避難しなかった人が多かったことがあります。このことは田老町に限らず、防潮堤に守られた集落に共通するものです。

　釜石市唐丹町本郷では高台移転した家屋には津波の被害はほとんどありませんでした。しかし、防潮堤の建設後、その背後の低地に建てられた約50戸の家屋は防潮堤を乗り越えた

写真56　田老の防潮堤
（2011年8月撮影）

写真57　田老の防潮堤
（2011年8月撮影）

津波により壊滅的な被害を受けました（写真58）。低地に住んでいた住民は高台に避難したため全員無事でしたが、漁船を守ろうと沖へ向かった漁師の方が1人亡くなっています。

山田町山の内の集落は高台に位置していたため、集落自体は津波による被害はありませんでした。しかし、船越湾と山田湾の間に挟まれた低地は両方の湾からの津波に襲われました。両湾の湾岸には立

写真58a　本郷集落
（2007年11月撮影）

写真58b　本郷集落
（2011年8月撮影）

写真59　震災前の船越の防潮堤
（2007年11月撮影）

写真60　震災後の船越の防潮堤
（2011年8月撮影）

派な防潮堤が設置されていましたが、ほとんど機能しませんでした（写真59、写真60、図27のA）。もしここに集落があったとすれば跡形もなく流されていたことでしょう。田老町、本郷、山の内の集落は、津波に対して私たちはどのように対処すべきかを語っています。

> **作業**　船越、山の内の集落を赤色で囲みましょう。各々の集落が標高何mのところにあるのか、等高線をもとに確認してみましょう。

（4）公共施設の立地について－岩手県大槌町を事例に－（図28）

大槌町は東日本大震災の際、地震の揺れと津波、そして火災によって壊滅的な被害を受けました。家屋被害3,878世帯は全世帯の59.6％に、犠牲者数1,285人は全町民の8.0％に当たります。津波の浸水面積4万㎡は市街地面積の52％に達しましたが、特に大槌市街地では大部分の建物が流され、更地のような状態になってしまいました（写真61）。市街地の中心に位置していた町役場は波高約11mの津波に襲われ、町長を含む40人の職員が亡くなり

写真61　大槌市街地
（2011年3月岩切氏撮影）

ました。このことが町の行政機能をストップさせ、その後の復興に遅れを出しました。ここでは町役場など災害時に重要な役割を担う公共施設の立地について考えてみましょう。

はじめに、大槌市街地はどのような場所に立地しているのかを読図していきましょう。大槌市街地は大槌湾の湾奥に位置していますが、Ⅱ-3（1）で述べましたように一般に津波の波高は湾奥で高くなりますから、大槌市街地は津波に対して危険な場所に立地しているといえます。さらにJR大槌駅のある中心市街地（地形図では斜線で示されています）は大槌川と小

鎚川が形成する小規模な州の上に立地しており、津波のみならず河川氾濫の危険にもさらされています。中心市街地を囲むように見られるコンクリートで被覆された堤防や土堤の記号は、これらの災害に対する防潮堤および堤防を示しています。コンクリートで被覆された堤防の記号は大槌川河口部左岸の新港町から港町にかけての地区にも見られます。中心市街地以外の市街地もその多くは両河川が形成する谷および海岸に立地しており、等高線から標高は10m以下であることがわかります。高所に立地している集落は沢山や迫又（はさまた）など一部に限られているのは、急峻な山が迫っており、高所に平坦地があまり見られないことによります。

　災害時に中心的役割を果たすのは、災害対策本部としての役場、消防活動に当たる消防署、被災患者を受け入れる病院です。大槌町ではこれらの施設はどのような場所に立地しているのでしょうか？また、多くの児童・生徒が学び、災害時には避難所ともなる学校はどのような場所に立地しているのでしょうか？

　まず、地形図を使って、各々の施設の標高について見ていきましょう。町役場は大槌市街地の中心に位置しています。町役場の南には水準点があり、標高は1.5mであることがわかります。消防庁舎も町役場に隣接していますから、ほぼ同じ高さだと言えるでしょう。病院（県立大槌病院）は町役場の北にあり、標高は等高線から10m以下であることがわかります。大槌川に隣接しており、恐らく町役場とそれほど標高差はないでしょう。

　次に学校に関してですが、大槌市街地には小学校が3校、中学校が1校、高等学校が1校、隣接する赤浜には小学校が1校あります。等高線から大槌駅の北にある大槌小学校（図28のA）、大石前にある大槌中学校（図28のB）、桑ノ畑にある大槌北小学校（図28のC）は標高

図28　2万5千分の1地形図「大槌」平成13年修正測量（×0.8）

が10m以下であることがわかります。一方、大槌北小学校の背後にある大槌高校（図28のD）は標高30〜40m、安渡小学校（図28のE）は標高20〜30m、赤浜小学校（図28のF）は標高10〜20mにあり、他の学校と比べ、高い場所に立地しています。

次に、これらの施設の被害状況について見ていきましょう。写真62は大槌町役場、写真63は大槌消防庁舎の建物です。前述しましたように、町役場付近の津波の高さは11mあり、庁舎の2階の天井付近まで浸水しました。消防庁舎も破壊され、扉に書かれた"火の用心"の文字からかろうじてここが消防庁舎であったことがわかります。病院も2階の天井近くまで浸水しましたが、幸い病院にいた53人の患者は全員屋上に避難していたため無事でした。中心市街地の海岸付近および河川の河口付近には防潮堤がありましたが、高さが6.5mであったため、11mの津波に対してはあまり意味を持たなかったといえるでしょう。

標高10m以下の場所にあった3つの小中学校は津波により校舎の1階部分が水没しました。写真64は大槌小学校を南から撮影したものです。大槌小学校は津波により3.7mの高さまで浸水しました。学校のグラウンドは津波によって流されてきた自動車や瓦礫で埋め尽くされています。さらに、校舎では火災が発生し、3、4階部分は焼失しています。流れてきた石油を含んだ瓦礫や自動車が火元となって出火したと推測されています。現在、大槌小学校の校舎は修復され、大槌町役場として使われています。大槌北小学校は4.2m、大槌中学校は3.4mの高さまで浸水しました。大槌北小学校、大槌中学校および大槌病院は大槌川近くに立地しています。津波は河川を遡ってきますから、これらの施設は標高が低いだけでなく、津波に対して危険な場所に立地しているといえます。

それでは比較的高所にあった学校はどうだったでしょう。安渡小学校と大槌高校は市街地背後の標高20m以上の高台にあったため、津波による被害は見られませんでした。一方、標高10m以上の場所にあった赤浜小学校の校舎は3.7mの高さまで浸水しました。写真65は津波の翌日の赤浜小学校の写真ですが、校舎の外壁の水の跡から2階付近まで津波が到達していたことがわかります。このこ

写真62　大槌町役場
（2011年8月撮影）

写真63　大槌消防署
（2011年8月撮影）

写真64　大槌小学校
（2011年3月岩切氏撮影）

写真65　赤浜小学校
（2011年3月岩切氏撮影）

写真66　赤浜・津波
（2011年3月岩切氏撮影）

とから、赤浜小学校には少なくとも波高14mの津波がやってきたと考えられます。写真66は津波来襲時の写真で、手前の屋根は赤浜小学校の体育館、左は校舎、校舎の右はグラウンドになります。津波のピークは過ぎていますが、赤浜の集落は水没しており、グラウンドから海水は引いていません。幸い赤浜小学校の子どもたちは教師の適切な判断により、背後の高台に避難し、全員助かっています。

　大槌町は明治三陸地震津波では死者900人、流失倒壊家屋戸数500戸を、昭和三陸沖地震では死者27人、流出倒壊家屋戸数222戸を出し、チリ地震津波では死者こそ出さなかったものの、80戸の流失倒壊家屋を出しています。従って、大槌町は津波被害を繰り返し受けてきた町であり、津波の脅威について住民は熟知しているはずです。にもかかわらず、公共施設は津波に対して危険な場所に立地していました。なぜ、これらの公共施設はこのような危険な場所に立地していたのでしょうか？もし、公共施設を移転するとすれば、どのような場所がいいでしょうか？地形図を見ながら話し合ってみましょう。

作業　大槌町の町役場、消防署、病院、学校の記号を赤色で囲みましょう。作業を通して、各々の施設がどのような場所にあるのか、確認しましょう。

[課題]

右の和歌山県田辺市の2万5千分の1地形図（×0.64）をもとに、津波という視点から田辺市の問題点について話し合ってみましょう。次に、津波避難場所としてどこが適切なのか話し合ってみましょう。なお、南海トラフの巨大地震が発生した場合、田辺市では地震発生後約15分で津波が到達し、最大12mの津波高となることが想定されています。

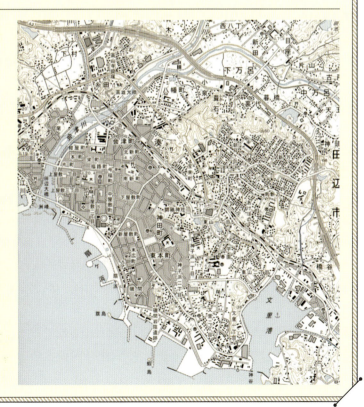

Ⅱ 自然災害・防災を読図する

（5）リスボン大震災と津波

　三陸海岸の津波とよく似た事例をヨーロッパに見ることができます。18世紀に起きたリスボン大震災です。ここではリスボン大震災とその後の地震・津波対策について紹介しましょう。

　1755年11月1日にリスボンの南西約300kmの大西洋の海底下で地震が発生し、その約40分後にリスボンに高さ15mの津波が襲いました。この地震はアフリカプレートがユーラシアプレートに沈み込む境界付近で発生したと考えられること、地震発生後約40分で津波がリスボンを襲ったことから、東日本大震災に共通するところがあります。地震と津波、そしてその後発生した火災によりリスボンの街は壊滅的な被害を受け、死者は6万人あまりに達したと言われています。リスボンで被害が大きかったことから、この地震はリスボン大震災と呼ばれています。

　リスボンはテージョ川河口から12kmほど遡った右岸に位置し、市街地中心部は三方が小高い丘に囲まれています。市街地中心部の西に位置するバイロ・アルト（高い地区の意）の丘にはリスボン大震災の遺構として、カルモ教会が建っています（写真67、図29のA）。カルモ教会は15世紀初めに建てられたゴシック様式の教会で、建設当時はリスボン最大の教会でした。それが1755年の地震の際に、天井が崩落しました。廃墟となった教会は保存され、私たちに地震の脅威を伝えています。また、近くにあるサン・ロケ教会は天正遣欧使節が滞在した教会として知られています。この教会も正面のファザードが地震により倒壊しましたが、その後修復されています。

写真67　カルモ教会
（2014年4月撮影）

　この地震に対して、宰相であったセバスティアン・デ・カルヴァーリョ（後のポンバル侯爵）（1699-1782）はリスボンの街の復興を推進しました。ポンバルの復興事業は多岐にわたりますが、ここではリスボンの地図と景観からどのような復興が行われたのかを見ていきましょう。図29はリスボンの地図ですが、市街地の中心部と周辺部とでは道路網に大きな違いが見られます。すなわち、中心部では短冊状の整然とした道路網になっていますが、周辺部は迷路状になっています。なぜ、このような違いが生まれたのでしょうか？

　市街地の中心部はバイシャ地区と呼ばれています（写真68）。バイシャとは"低い土地"を意味します。低いが故にこの地区にあった建物のほとんどが地震の後にリスボンを襲った津波によって流され、更地のようになってしまいました。この時、テージョ川沿いに建っていたリベイラ宮殿や王立文書館の建物も流されてしまいました。そして川沿いに避難していた1万人もの人命も奪われました。

　もともとバイシャ地区はヨーロッパの中世起源の町の多

写真68　バイシャ地区
（2014年4月撮影）

図29 1万1千分の1地図 "LISBOA" (2011) MICHELIN (×0.5)

くがそうであったように迷路状に狭い路地が入り組んでおり、災害に弱い街でした。そこでポンバルは更地のようになったバイシャ地区を災害に強い街へと変えました。すなわち、市民が避難しやすいように道路を拡幅するとともに先に述べたように短冊状の整然とした道路網に作り替えました。写真69はバイシャ地区を南北に貫くメインストリードであるアウグスタ通りです（図29のB）。アウグスタ通りは長さが550mあり、川沿いのコルメシオ広場と北のフィゲイロ広場を結んでいます。このアウグスタ通りに平行する道路は7本、直行する道路は9本ありますが、道路に面する建物は高さやデザインが統一され、美しい街並みを作り上げています。建物の高さが同じなのは耐震を考えて、4階までに制限したためです。また、建物のデザインの統一は建築日数を短縮するために建築部材を統一したことによります。例えば復興によって建てられた建物の窓枠

写真69 アウグスタ通り
（2014年4月撮影）

写真70 ポンバル様式の建物
（2014年4月撮影）

はすべて同じ形をしています。さらに建物には筋交いや太い柱を用いるなど地震に強い構造となっています。このような建築様式はポンバル様式と呼ばれています（写真70）。整然としたリスボンの街並みは後にフランスのセーヌ県知事オスマンがパリの大改造を行う際に参考にしたとも言われています。

一方、バイシャ地区の三方を取り囲む丘に広がる市街地は地震の揺れにより建物が倒壊したものの、バイシャ地区の様に津波に流され更地のようにはならなかったため、区画整理が

行われませんでした。特にバイシャ地区の東に位置するアルファマ地区（写真71）は地震、特に津波の被害をあまり受けませんでした。そのため、現在もなお迷路状の狭い道路に建物が密集しており、中世の面影を残しているものの、災害に対して危険な街となっています（写真72）。

写真71　アルファマ地区
（2014年4月撮影）

バイシャ地区の北にロシオ広場がありますが、ロシオ広場から北西方向に広い通りが一直線に延びています。この通りはリベルダーデ通りと呼ばれ、災害時には避難路となります。この通りもリスボン再建計画によって造られました。幅が90m、長さが1,500mあり、通りの周辺はビジネス街になっています（写真73）。リベルダーデ通りの北端にはポンバル侯爵広場があり、広場の中央にはポンバル侯の銅像が建ち、復興したリスボンの街を見下ろしています（写真74）。

写真72　アルファマ地区の街角
（2014年4月撮影）

写真73　リベルダーデ通り
（2014年4月撮影）

写真74　ポンバル像
（2014年4月撮影）

注：本項は主としてリスボン・ストーリセンターの解説を参考にしました。

【参考文献】
- 土木学会編（1974）：『日本の土木地理』，森北出版．
- 中山正民ほか（1983）：『日本の海岸・島　東日本編』，そしえて．
- 望月善次共著（2015）：『被災の町の学校再開』，岩手復興書店．
- 山口弥一郎（2011）：『津波と村』，三弥井書店．
- 吉村昭（2011）：『三陸海岸大津波』，文春文庫．

Ⅱ-4　地震

（1）阪神・淡路大震災（神戸市垂水区多聞台）

1995（平成7）年1月17日（火）、震度7の地震が神戸市を中心とした地域を襲い、死者6,437人、不明者3人、全半壊家屋249,180棟、全焼家屋6,148棟を出しました。図30は神戸市周辺の災害の分布を示したものです。この図を基に、災害を地形との関係から見てみ

ましょう。六甲山の外縁では斜面崩壊・地すべりが、新期扇状地と三角州性低地では家屋等の倒壊が、埋め立て地では液状化が顕著に見られます。一方、山麓に分布する古期扇状地や海岸部分の砂州・砂堆では被害が少なくなっています。このように、急傾斜地や地盤の軟弱な地域において被害が大きくなっていることがわかります。傾斜の緩急については地形図の等高線の間隔から、地盤の硬軟については過去の地形図から読み取ることができます。傾斜の緩急については容易に読図できますので、ここでは地盤の硬軟について見ていきましょう。

図31は1885（明治18）年の2万分の1仮製地形図で、灘区の一部を示しています。東西に広がる平地の中央に水田や湿地の記号が、山麓付近に荒れ地・樹林・畑地の記号が、海岸部に集落・砂れきの記号が見られます。このうち、水田や湿地が広がっていた地域は図30の家屋等の倒壊が顕著に見られた地域と一致していることがわかります。すなわち、水田や湿地を埋め立てたところは地盤が軟弱なため、地震の際の揺れが大きくなり、倒壊する家屋が多くなります。次に海岸部分を見ると、現在は埋め立てが進み、海岸線の形状がかなり変化しているのがわかります。図30を見ると、この埋め立て地と液状化の見られる地域が一致していることがわかります。埋め立て地も地盤が軟弱なため、液状化対策がきちんとなされていないと、地震の揺れによる被害が大きくなります。このように過去の土地利用や海岸線の比較から地震の揺れに対して強い地域、弱い地域を推測することができます。

次に宅地開発と災害との関係に

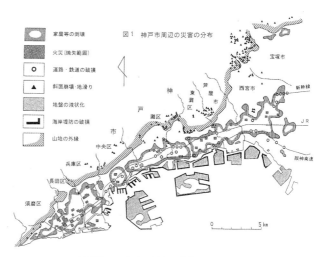

図30　日本地理学会予稿集48, P45より

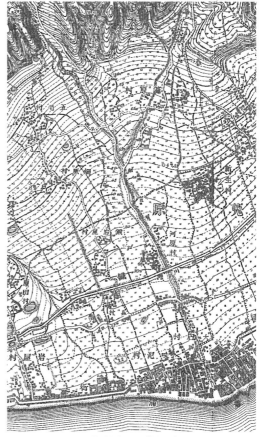

図31　2万分の1仮製地形図「神戸」明治18年（×0.8）

Ⅱ　自然災害・防災を読図する

ついて見ていきましょう。神戸市は背後に六甲山地が迫っているため平地に乏しく、高度経済成長期には急増する人口に対して住宅地が不足するようになりました。そこで背後の丘陵地を削り、そこから出た土砂で谷あるいは海を埋め立て、住宅地を確保するという方法がとられました。特に神戸市の西に位置する垂水区では丘陵地を削った大規模な宅地開発が行われました。図32aは1956(昭和31)年の垂水区多聞台を示す2万5千分の1地形図です。1956年はまだ地形の大規模な人工的改変がなされておらず、丘陵地帯には針葉樹の記号が、谷には水田の記号が見られます。それが昭和30年代末頃から宅地開発が進み、図32bに見られるように、現在ではほぼ全域が宅地化されています(写真75)。

図32a 2万5千分の1地形図「須磨」
昭和31年資料修正(×2)

図33は多聞台における家屋被害を示したものです。この図によると、家屋の被害は谷を埋め立てた盛土部において大きく、尾根を削り取った切土部では比較的小さくなっています。実際に多聞台を歩いてみましょう。図32bの地形図の矢印方向に道を歩いて行くと、新築の家が多い地区、比較的古い家が多い地区が交互に現れます。写真76は図32bのA地点で、写真77はB地点で撮影したものです。写真76には地震後に建てられた新築の家が、写真77には比較的古い家が写っていますが、撮影場所を図33と比較すると、前者は盛土された場所、後者は切土された場所であることがわかります。このように地盤が軟弱な盛土部では家屋被害が大きいこと、地盤が堅固な切土部では家屋被害が小さいことがわかります。ただし、家屋の被害状況は地質構造や住宅の建築年、家屋構造などについても考慮する必要があります。

図32b 2万5千分の1地形図「須磨」平成17年更新(×2)

写真75 多聞台の住宅地
(2015年6月撮影)

以上見てきたように、新旧の地形図を比較することにより、災害に弱い場所、強い場所を知ることができます。すなわち、災害の程度を予測したり、災害に対する対策を立てることが可能となります。新旧の地形図を用いて、皆さんの住んでいる地域の地盤は軟弱なのか、堅固なのかを調べてみましょう。過去の地形図は日本地図センターのホームページから注文することができます。よ

写真76　多聞台の住宅
（2015年6月撮影）

写真77　多聞台の住宅
（2015年6月撮影）

図33　日本地理学会予稿集48, P35より

り詳細に分析したい場合は、市町村役場もしくは日本地図センターで2千5百分の1、あるいは5千分の1国土基本図を入手するとよいでしょう。過去の国土基本図の発行年については、各市町村役場に問い合わせてください。

作業　図31の水田・湿地の記号を緑色で、荒れ地・樹林・畑地の記号を黄色で、海岸の砂礫の記号を灰色で塗りましょう。土地利用の分布を図30の災害の分布と比べてみましょう。

（2）関東大震災（東京都墨田区向島）

　防災（減災）対策についても地形図から読み取ることができます。図34はスカイツリーの北に位置する墨田区向島を示した1万分の1地形図です。この地形図の中には明らかに街区形態の異なる2つの地区が見られます。道路に注目してみましょう。向島2、3丁目は整然とした道路網になっているのに対して、4丁目は迷路状の複雑な道路網になっています。また、道路幅は2、3丁目が広く取られているのに対して、4丁目は狭くなっています。なぜ2、3丁目と4丁目の間にこのような違いが生まれたのでしょうか。その理由は関東大震災にあります。

　1923（大正12）年9月1日（土）、大地震が関東地方南部を襲いました。東京市では58%の人が罹災し、死者は5万8千人にも達しました。地震後発生した火災により、東京市では市域面積の約42%が焼失しましたが、特に下町において焼失の割合が高く、神田、日本橋、浅草では区域面積の90%以上が焼失しました。そこで下町に対して災害に強いまちづくりの一環として区画整理事業が行われることになりました。これにより、道路や河川の整備、

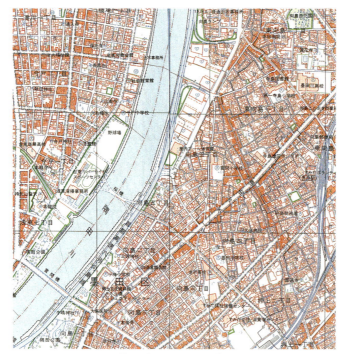

図34　1万分の1地形図「上野」平成10年修正、「青戸」平成10年修正（×0.7）

写真78　向島2丁目
（2006年9月撮影）

写真79　向島4丁目
（2006年9月撮影）

公園の設置などが行われました。

　ところで、向島は関東大震災では焼失しなかったため、当初、区画整理事業区域に入っていませんでした。しかし、この地域は明治以降急速に都市化し、農道がそのまま生活道路になったため、道路は無秩序な状態にあり、災害に対して危険な場所でもありました。向島のうち1～3丁目の住民は区画整理実施を要望した結果、それが認められ区画整理地区に編入されることになりました。

　写真78は区画整理事業が実施された向島2丁目の道路です。道路は直線になっており、道路幅は十分に確保されています。一方、写真79は向島4丁目の道路です。下町情緒の残された街並みではありますが、道は狭く屈曲しています。防災上、危険性の高い市街地であり、緊急車両の進入も困難です。地震や火災が発生した際には被害が大きくなることが予測されます。向島2丁目と4丁目の関係は、Ⅱ-3(5)で紹介しましたリスボンのバイシャ地区とアルファマ地区の関係によく似ています。皆さんの住んでいるところは、向島2丁目タイプでしょうか？それとも4丁目タイプでしょうか？

【参考文献】

・関口辰夫（1995）：災害現況図（第Ⅱ版）について，日本地理学会予稿集48.
・村山良之ほか（1995）：宅造地の人工的地形改変と地震被害－神戸市垂水区の事例－,日本地理学会予稿集48.
・越沢明（1991）：『東京の都市計画』，岩波書店.

Ⅱ-5 地すべり

　地すべりとは土地の一部が滑り落ちる現象をいい、山がちな日本では各地に見ることができます。地すべりは降雨や融雪に伴う地下水の増加や地震等が誘因となり発生します。なお、広義の地すべりには土石流や落石なども含まれますが、本書ではこれらは除くことにします。

（1）北海道釧路町入境学（にこまない）

　釧路市の東に隣接する釧路町に入境学と呼ばれる昆布採集を中心とした漁業集落があります。海岸部分は断崖が続いているため、集落は背後の海岸段丘上の平坦な場所に立地しています（図35）。この集落の西に等高線の間隔が広い、すなわち傾斜が緩やかな馬蹄形の凹地が見られます。凹地は幅約500m、長さ約1,000mあります。この凹地は大規模な地すべりによって形成されたものです。入境学の地すべりは図35のA付近を起点とし、海岸まで達しました。海岸付近には地滑りによって岩盤が背後から押されて盛り上がり、標高40m程度の小高い丘をつくっています（写真80）。この丘のことを移動土塊（どかい）と呼んでいます。凹

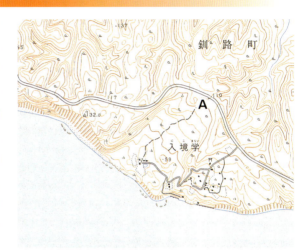

図35　2万5千分の1地形図「仙鳳趾」平成5年修正測量（×0.77）

写真80　入境学の地すべり地形
（2006年9月撮影）

写真81　入境学の巨石
（2006年9月撮影）

地内には大きな岩石を至るところで見ることができますが（写真81）、これらの岩石は地すべりによって運ばれたものです。このように入境学では地すべりのモデルともいえる地形がそのまま残されています。

（2）静岡市清水区由比町（ゆい）寺尾

　由比町は静岡市の中心部と富士市のほぼ中間に位置し、江戸時代は東海道の宿場町として栄えました。古くから地すべり地帯として知られており、戦後だけでも1948（昭和23）年、1961（昭和36）年、1974（昭和49）年に大きな地すべりが発生しています。
　1961（昭和36）年3月に由比駅の西方で発生した「寺尾の地すべり」では、寺尾集落の背

後の上部斜面が幅200m、奥行き200m、深さ50mにわたって崩壊しました。120万立方メートルにも及ぶ土石が海岸付近にまですべり落ち、土砂の一部は当時の国鉄東海道本線の線路にまで達しました。

図36bは地すべり発生後の2万5千分の1地形図（原寸）ですが、図の中央に植生を示す地図記号の見られないところがあります。ここが地すべりの起きた場所で、地図記号が見られないのはまだ植生が回復していないことを示しています。図36aは地すべり発生前の地形図です。図36bの地すべりが起きた場所と比較してみましょう。地すべりの起きた場所は水田の記号とほぼ一致していることがわかります。すなわち、水田地帯を中心に地すべりが起きたと言えるでしょう。地すべりの起きた場所は等高線の間隔が周辺と比べると広くなっており、傾斜が緩やかであることがわかります。地すべりは傾斜が比較的緩やかな場所で発生することが多く、そのような場所はよく棚田として利用されています。棚田地帯に地すべりが多いと言われる所以です。地形図からは読み取れませんが、恐らく寺尾の水田ももともとは地すべり跡の緩傾斜地にできた棚田であったと思われます。現在、地すべりの跡は果樹園になっており（図36c）、そこではミカンやビワが栽培されています（写真82）。

ところで「寺尾の地すべり」の排土は、海岸部に東名高速道路を建設する際の埋め立て用土として利用されることになりました。工事には防災工事費17億円、東名高速道路建設費74億円が投じられ、1966（昭和41）年3月に完成しました。東海道新幹線と新東名高速道路は地すべり地帯を回避するため、この区間はトンネルになっています（写真83）。

由比町ではこれまで地すべり対策の博物館とも言えるほどの様々な地すべり対策がなされてきました。これらの地すべり対策については由比地すべり管理センターで学ぶことができます。

図36a　昭和35年資料修正

図36b　昭和45年改測

図36c　平成17年更新

写真82　寺尾の地すべり地形
（2008年8月撮影）

写真83　薩埵峠から由比方面を望む
（2008年8月撮影）

（3）北海道積丹町沼前

北海道積丹半島の北西部、神威岬から5kmほど南のところに沼前と呼ばれる場所があります。ここには大規模な地すべり地形が見られ、「沼前の地すべり地形」として知られていま

す（写真84）。地すべり地形は幅1km、奥行き1.5kmにわたって見られますが、このうち中央部の幅300～450m、奥行き800～900mの部分が最近まで北北西の方向に滑り落ちていました。移動距離は1年間に1mに達したこともあったそうです。

　図37bの地形図を見ると、200mの等高線より低いところでは等高線の間隔が広くなっていますが、ここが地すべりのあった場所です。地すべり地の背後には崖の記号が連なっており、崖の高さは等高線から最大で150m程度であることがわかります。1991（平成3）年に地すべりの原因である地下水を抜いたり、地すべりの先端部に石を積んだりする対策工事を始めました。それ以降、地表面の移動距離は年間2～3cm程度となり、1999（平成11）年以降は移動が見られなくなったとのことです。

　昭和32年測量の地形図（図37a）を見ると、海岸部に集落が見られます。ニシン漁が盛んな頃に形成された集落ですが、1965（昭和40）年頃より、家が傾いたり、地割れが発生するようになりました。1970（昭和45）年からは地すべり活動がさらに活発化したため、5月に積丹町より住民（6戸）の退去命令が出され、全住民は転居しました。それ以降、ここに住んでいる人はいません。

　現在、沼前には集落の面影をたどることはできません。唯一、旧集落の北に神社が残されています。地形図には神社の記号とともに"石神岩"と書かれています。この神社は石神神社と呼ばれ、小さな社殿の傍らには、おそらく地すべりによって運ばれたと思われる石が祀られています（写真85）。

写真84　沼前の地すべり地形
（2012年10月撮影）

図37a　5万分の1地形図「余別」
昭和32年測量（原寸）

図37b　5万分の1地形図「余別」
平成3年修正（原寸）

写真85　石神神社
（2015年7月撮影）

Ⅱ　自然災害・防災を読図する

練習問題(4) 下の2万5千分の1地形図（1.27倍に拡大）は新潟県の能生小泊付近を示しています。ここでは1963（昭和38）年3月に大きな地すべりがありました。過去に地すべりがあったと考えられる場所を赤色で囲んでみましょう。

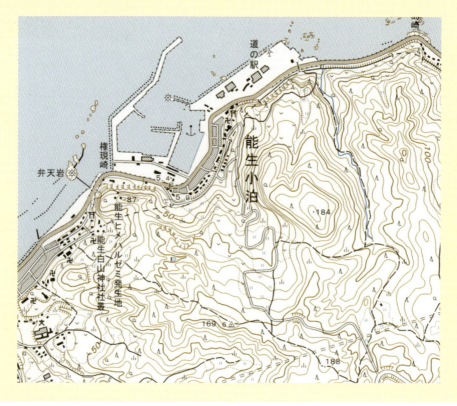

【解答は66ページ】

【参考文献】
- 日本写真測量学会編（1983）：『空中写真に見る国土の変遷』，鹿島出版会．
- 田近淳、岡村俊邦（2010）：大規模地すべり地形の発達：積丹半島沼前地すべりの例，日本地すべり学会誌，47-2．

II－6
火山

(1) 北海道有珠山

　洞爺湖は約10万年前の火山活動によってできたカルデラ湖で、面積70.7km²は北海道ではサロマ湖、屈斜路湖、支笏湖に次ぐ広さを有しています。洞爺湖温泉はこの洞爺湖の南岸に位置し、背後には日本を代表する活火山である標高732mの有珠山が聳えています（写真

86)。有珠山はアイヌの人々から「オフイヌプリ(燃える山)」と呼ばれているように噴火活動が絶えず、過去百年間に大規模なものだけでも4回の噴火活動を引き起こしています。

写真86　有珠山と昭和新山
(2009年9月撮影)

　1910(明治43)年の噴火では、有珠山北側一帯で噴火が起こり、金比羅山から東丸山にかけて45個の火口を生み出すとともに、現在の洞爺湖温泉街の東に小丘を形成しました。この小丘は潜在ドームと呼ばれ、マグマは地表面には噴出しませんが、地面を約170m隆起させました。この小丘は噴火した年から、四十三山(明治新山)と名付けられました。この時の噴火が洞爺湖温泉の起源になっています。図38bの地形図には四十三山の南に窪地が4ヵ所、池が1ヵ所見られますが、これらは旧火口を示しています。また四十三山の西には温泉の記号が8ヵ所見られますが、これらは温泉をくみ出すポンプ小屋の場所を示しています。1910年の噴火では火口から発生した熱泥流により、1名が亡くなっています。

　1943～1945(昭和18～20)年の噴火では、有珠山の東の麦畑が270m隆起し、高さ407mの昭和新山が誕生しました。この噴火では人的被害は見られませんでしたが、集落や耕地、鉄道、道路などは大きな被害を受けました。

　1977～1978(昭和52～53)年には、有珠山の山頂付近で激しい噴火が発生し、標高667mの有珠新山を誕生させました。洞爺湖温泉街では地殻変動により建物が倒壊し、道路が寸断されるとともに、大量の火山灰が降下しました。写真87は図38bのA地点から温泉街に向かって撮影したものです。道路が途中で一車線分ずれていますが、これは噴火活動に伴う断層のずれによるものです。噴火の2ヵ月後、降雨により有珠山山麓では各地で泥流が発生し、死者

写真87　屈曲した道路
(2011年10月撮影)

2名、行方不明者1名を出しました。そこで、噴火活動終息後、泥流対策として温泉街の西に2本の防災流路工が建設されました(図38aのA)。防災流路工は擁壁の記号で示されています。

　2000(平成12)年3月には、温泉街背後の金比羅山西斜面と有珠山の西方約2kmの西山山麓斜面で噴火が始まり、次々と火口が形成され、その数は60を越えました。火口のいくつかは地形図からも確認することができます。図38bを見ると、金比羅山西側に2つの丸い池がありますが、これらはともに火口で、東から順にK-A火口、K-B火口と名付けられました。写真88(図38bのB)はK-A火口で、直径は約200mあります。この火口から熱泥流が流れ出し、

写真88　K-A火口
(2011年10月撮影)

温泉街西部に被害をもたらしました。このK-A火口の西南西方向に噴気口や丸い池、丸い

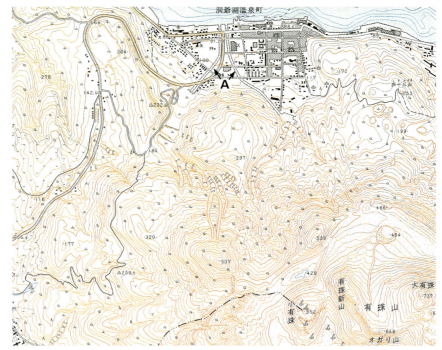

図38a 2万5千分の1地形図「虻田」昭和54年改測（×0.74）

図38b 2万5千分の1地形図「洞爺湖温泉」平成20年更新（×0.74）

窪地がいくつか見られますが、これらは西山山麓の火口群です。もともと西山山麓火口群付近は国道230号線と一般道（町道泉公園線）が通っていましたが、潜在ドームの隆起によって道路はズタズタに寸断されました。地形図に"・194"と記載された標高点が潜在ドームで、前掲写真13の火口はここから東方向に撮影したものです。地形図を見ると潜在ドームの北

に比較的大きな池がありますが、この池は潜在ドームの隆起により河川が堰き止められてできたもので、ここを通っていた国道230号線は池の底に沈んでしまいました。現在、国道230号線はこの区間をトンネルで通過しています。また、町道泉公園線に沿って西山山麓火口および火山災害遺構をめぐる散策ルートが整備されています。

　この噴火により温泉街では住宅、道路、河川などに大きな被害を出すとともに、温泉街自体も地殻変動により1m近く隆起しました。しかし、温泉街の住民2,704人は噴火前に豊浦町や長万部町などに避難していたため、人的被害は見られませんでした。2000(平成12)年7月に避難勧告が解除され、ホテルや旅館は営業を開始しましたが、この年の虻田町(現、洞爺湖町)の観光客数は激減し、この影響は登別温泉にまで及びました。

　今回の噴火に対して、洞爺湖町は防災マップに基づき、土地利用区域を設定し、区域内の建物の撤去ならびに洞爺湖小学校、桜ヶ丘保育所、洞爺協会病院、公営住宅の温泉市街地外への移転などを行ないました。例えば現在、温泉街の背後には荒れ地の記号が広がっていますが、昭和54年の地形図を見るとそこには建物の記号が見られます。この地区はすべての建築物を禁止する区域に指定されたため、その後すべての建物が撤去され、現在は立ち入り禁止地区になっています。そして温泉街の背後には温泉街を守るように大規模な砂防ダムが築かれました(写真89)。砂防ダムの背後は泥流を食い止める遊砂地になっています。一方、災害遺構施設(公営住宅1棟、公衆浴場、橋梁)を見学する「金比羅火口災害遺構散策路」(写真90)や広場・公園が整備され、西山山麓火口および洞爺湖ビジターセンターとともに観光ならびに有珠山噴火を学習する場を提供しています。なお、2009年8月に有珠山と洞爺湖および洞爺湖周辺地域は日本初の世界ジオパークである洞爺湖有珠山ジオパークに登録されました。

写真89　砂防ダム
(2009年9月撮影)

写真90　旧町営浴場
(2009年9月撮影)

作業　図38bの噴火口・噴気口、窪地、池沼、温泉の記号を赤丸で、砂防ダムを示す記号を茶色で囲みましょう。これらの記号と洞爺湖温泉街との関係についてまとめてみましょう。

(2) 長崎県雲仙岳

　雲仙岳は島原半島のほぼ中央に位置する火山群の総称で、1,483mの平成新山を最高峰とします(写真91)。記録に残る火山活動としては、1663年、1792年、1990〜1995年がありますが、ここでは平成新山を誕生させた1990〜1995年の火山活動について見ていきます。

　図39aは噴火前の昭和59年測量の雲仙岳山頂付近の地形図です。当時は標高1,359.3mの普賢岳を最高峰とし、全山が広葉樹もしくは針葉樹で覆われていました。普賢岳のすぐ東

には普賢神社が鎮座していましたが、1990(平成2)年11月17日(土)にこの普賢神社近くの地獄跡火口と九十九島火口が同時噴火しました。普賢神社の東に隣接する窪地が地獄跡火口、地獄跡火口の南約200mのところにある平坦地(広葉樹林の記号あたり)が九十九島火口です。翌年の5月20日に主火口であった地獄跡火口付近に溶岩ドームが形成され、その後、溶岩ドームの崩壊の度に火砕流(高温の火山ガスと火山砕屑物が混ざり合ったもの)を繰り返し発生させました。最も人的被害を出したのが1991(平成3)年6月3日(月)の火砕流です。

写真91　水無川1号砂防ダムと雲仙岳
(2013年3月撮影)

この日、溶岩ドームから東の水無川の河谷方向に流れ出した火砕流は報道陣等が撮影のために詰めていた定点(図39bのA)を襲い、死者42名、行方不明者1名を出しました。さらに、同年9月15日(日)の火砕流に伴う火災サージ(火砕流に伴って発生する高速の熱風)は大野木場小学校を全焼させています。幸い住民や児童はすでに避難していたため、人的被害は見られませんでした。小学校は廃校となりましたが、校舎は火砕流遺構として残され(写真92)、図39bの地形図には大野木場小学校跡と書かれています。小学校に隣接した場所には大野木場砂防みらい館が設置され、災害や復興を学ぶ場となっています。さらに、1993(平成5)年6月23(水)-24日(木)に発生した火砕流は平成新山の北方向にも流れ出し、湯江川流域の千本木地区を襲っています。火砕流のうち、最も遠くまで流れ下ったのは1993(平成5)年7月19日(月)に発生した火砕流で、国道57号を約80m超えたところ(図39bのB)にまで達しています。

写真92　旧上木場小学校
(2013年3月撮影)

上記の火砕流の堆積物および降灰によって堆積した火山灰は降雨により土石流となり、下流部に被害をもたらします。1991(平成3)年6月3日に最初の大規模な土石流が発生し、水無川と湯江川流域に被害をもたらしました。そして1993(平成5)年6月18(金)-19日(土)に水無川で発生した土石流は国道57号に架かる水無川橋を流失させています。図39bのC地点には土石流被災家屋保存公園があり、土石流によって約3m埋没した家屋11棟(1棟は移築)が公開されています(写真93)。その後も火砕流と土石流は繰り返し発生しましたが、1995(平成7)年に噴火活動はほぼ停止しました。

写真93　土石流被災家屋
(2013年3月撮影)

新たに形成された溶岩ドームおよび火砕流・土石流の跡は地図記号から確認することができます。すなわち、平成新山から東に向かって広がる岩の記号が溶岩ドームであり、噴火活動が停止してから20年ほど経っているにもかかわらず、植生を示す記号は見られません。この溶岩ドームから稲生山および485mのピークを取り囲むように東へ延びる砂礫の記号が

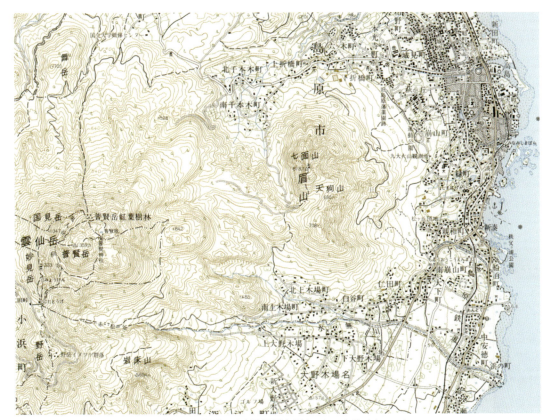

図39a　5万分の1地形図「島原」昭和59年修正（×0.8）

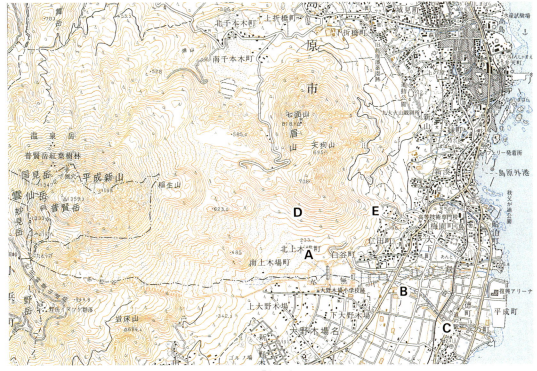

図39b　5万分の1地形図「島原」平成14年要部修正（×0.8）

Ⅱ 自然災害・防災を読図する

火砕流および土石流の通ったルートを示しています。ルートは水無川が形成した谷とほぼ一致しています。前掲の写真15は図39bのD地点から485mのピークに向かって撮影したものですが、石や砂が谷を埋め尽くしている様子がわかります。この付近にはかつて北上木場町と南上木場町の集落がありましたが、現在の地形図には北上木場町、南上木場町の地名は残っているものの、そこには砂礫の記号が広がるのみで、建物の記号は見られません。砂礫の記号は稲生山から北東に位置する南千本木町に向かっても見られ、このルートを通って湯江川流域に火砕流および土石流が流れ出したことがわかります。

　次に、災害対策について見ていきましょう。先の噴火では火砕流と土石流が大きな被害をもたらしました。火砕流については人工構造物で食い止めることは困難ですが、土石流については被害を防ぐ、あるいは軽減させることは可能です。土石流による土砂災害防止対策としては砂防ダムと導流堤があります。このうち砂防ダムとは土砂の流出を防ぐために設けられたダムで、正式には砂防堰堤と呼びます。水無川には2つの大規模な砂防ダムがあります。図39bを見ると、大野木場小学校跡の北東付近に水無川を遮るように擁壁の記号があります。この擁壁は水無川2号砂防ダムで、2000（平成12）年3月に完成しました（写真94）。堤の延長は446m、貯砂能力は71.2万立方メートルあります。擁壁の記号の西側に砂礫の記号が見られますが、これは砂防ダムにより堰き止められた土砂を示しています。2号ダムのやや下流にも水無川を横切る擁壁と盛り土の記号がありますが、これは水無川1号砂防ダムで、1998年2月に完成しました（前掲写真91）。堤の延長870mは砂防ダムとしては日本最長であり、貯砂能力は約100万立方メートルあります。これ以外にも水無川には数多くの中小規模の砂防ダムがありますが、水無川2号ダムより上流部にある砂防ダムの中には土砂により埋没し、ほとんど機能していないものがあります（前掲写真15）。土砂供給量の多さを物語っていますが、今後何らかの対策が望まれます。また砂防ダムと似たものにスリットダムがあります。土石流の中に含まれている巨石や流木のみを取り除くダムで、下流部での家屋や農地の被害を軽減させます（写真94）。地形図には中規模の砂防ダムは"堰"の記号で示されていますが、スリットダムは記載されていません。

写真94　水無川2号砂防ダムとスリットダム
（2013年3月撮影）

　地形図を水無川1号砂防ダムから下流に向かって見ていくと、河口までハの字型の堤防が続いています（写真95）。これは霞堤と呼ばれるタイプの導流堤です。導流堤は流水の方向を一定に保つために設けられた堤防で、土砂の堆積を防ぎ、流路を維持します。さらに洪水時に堤防の隙間から水が溢れ出すことによって、堤防の決壊を防ぐとともに下流域での氾濫を防いでいます（第Ⅲ章1節を参照）。この水無川の導流堤はもともと田畑や集落のあった場所を2.5kmに渡って拡幅あるいは新たに開削し、2001（平成13）年度に完成しました。途中、水無大橋から東南

写真95　水無川の霞堤
（2013年3月撮影）

東方向へ河川が分かれていますが、これはもともとあった水無川です。土石流対策として河床の掘削、護岸のかさ上げを行い、河道の断面積を大きくしています（写真96）。

水無川と新たに開削された水無川に挟まれた地域は安中三角地帯と呼ばれています。地域内の道路網は整然としており、区画整理が行われたことがわかります。この地域にはもともと池端、中南、大南の集落がありましたが、土石流で約7割の家屋が全半壊し、農地にも大きな被害を出しました。そこで、水無川等に堆積した土砂526万立方メートルを使って約93haが平均6mほど盛土されました。現在は住宅地ならびに農地になっています。被災者向けの宅地としては他に"仁田団地"が造成されました（図39bのE）。海岸部でも雲仙岳から流れ出た土砂を使って約25ヘクタールの埋め立てが行われました。埋め立て地は平成町と名付けられ、勤労者総合福祉センター、島原復興アリーナ、雲仙岳災害記念館などが建設されています。

写真96　水無川と眉山
（2013年3月撮影）

> **作業**　図39bの岩の記号を茶色で、砂礫の記号を灰色で着色してみましょう。溶岩ドームや火砕流・土石流がどこまで広がっていたのか、確認してみましょう。

【参考文献】

- 中村一明・松田時彦・守屋以智雄（1987）：『火山と地震の国』，岩波書店．
- 虻田町史編集委員会（2003）：『物語虻田町史 別巻』，虻田町．
- 山下克彦・平川一臣編（2011）：『日本の地誌3 北海道』，朝倉書店．
- 平岡昭利編（2001）：『北海道 地図で読む百年』，古今書院．
- 長崎大学生涯学習教育研究センター運営委員会編（1994）：『雲仙・普賢岳火山災害にいどむ－長崎大学からの提言－』，大蔵省印刷局．
- （社）砂防学会編（1993）：『火砕流・土石流の実態と対策』，鹿島出版会．
- 吉岡庭二郎（2001）：雲仙普賢岳噴火災害の復興と教訓，SABO, 68．
- http://www.unzen-geopark.jp/about/p-r

Ⅱ-7
暴風雪

（1）防風雪林

①北海道中標津町

一般に季節風が強く、風による被害が多い地域では直線状の防風林や屋敷林が発達してい

ます。防風林によって風の弱まる範囲は風上側で木の高さの約5倍、風下側で約30倍に及ぶと言われています。防風林の効果としては、防風の他、防雪、防霧、防霜、保温・保湿、風食防止などがありますが、特に積雪地帯では、防風林が防雪に大きな役割を果たしています。防風林は地形図上では直線状に針葉樹や広葉樹の記号が並んでいることから判読することができますが、屋敷林は防風林と比べてスケールが小さいため判読できません。

写真97　格子状防風林
(中標津町文化的景観検討委員会(2006)より)

　北海道東部に広がる根釧台地を特徴づける景観の一つに碁盤の目状の樹林帯があります(写真97)。この碁盤の目状の樹林帯は格子状防風林と呼ばれ、標津町、中標津町、別海町、標茶町、根室市に広く分布しています(図40)。格子状防風林の総延長は648km、面積は15,700haに達します。樹林帯の間隔は1,800間(約3,200m)、幅は100間(180m)が基本となっていますが、間隔に関しては必ずしも一定ではなく、1,200m、2,000m、2,500mなど様々です。

　格子状防風林は1890(明治23)年に開拓使顧問であったアメリカ人ホーレス・ケプロン(1804-1885)によって提唱され、1896(明治29)年に「植民地撰定および区画施設規定」が定められると、殖民区画の基線に平行して設置されることになりま

図40　防風林の分布(『日本の地誌3 北海道』(2011)による。)

した。防風林は北海道では根釧台地以外に、石狩川流域、十勝平野、斜里平野などにも見られますが、根釧台地の格子状防風林ほど規模は大きくありません。そのため当地の防風林は2001年に「根釧台地の格子状防風林」として北海道遺産に選定されています。

　格子状防風林の大部分は国有林となっていますが、その他に民有林(国有林、道有林以外)の防風林があります。国有林のそれと比較すると規模は小さく、林体幅は50m程度です。格子状防風林を補完する目的で各農家が所有地内に植林した防風林は耕地防風林と呼ばれています。林帯幅は6～10m(3～5列植)程度の小規模なもので、道の奨励により植林されたものです。図41は中標津町俣落付近の地形図ですが、直交する180m幅の樹林帯が格子状防風林、一列に並んだ針葉樹林の記号が耕地防風林を示しています。

　中標津町には知床連山に連なる1,000m級の山々から強風が吹き下ろしますが、冬季には暴風雪となり被害をもたらします。特に北海道は気温が低いことから、雪はさらさら状態にあり、ちょっとした風でも視界不良(ホワイトアウト)や吹きだまりが発生します。2013年

3月2日から3日にかけて、日本海から前線を伴った低気圧が発達しながら北海道を通過しました。中標津町では北西方向からの風が吹き下ろし、最大瞬間風速23.7mを記録しましたが、これは観測史上最大でした。この暴風雪により、中標津町俣落では4人が乗った乗用車が立ち往生しました。近くの人が通報し、警察官と消防隊員が駆けつけましたが、すでに4人は心肺停止状態で、病院で死亡が確認されました。原因は2〜4m積もった雪が乗用車の窓やマフラーを防ぎ、排ガスが車内に充満することによる一酸化炭素中毒でした。乗用車が立ち往生したのは図41のA地

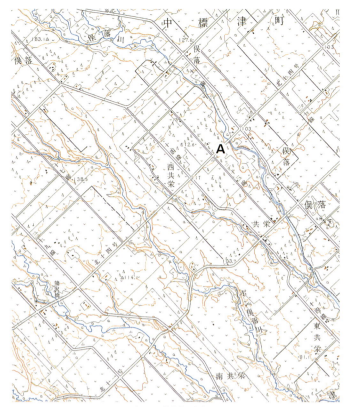

図41　5万分の1地形図「中標津」平成12年修正（×0.75）

点です。この付近には防風林はなく、暴風雪が直接道路に吹き付けます。防風林のないところには道路に沿って防雪柵が設置されたり（写真98）、特に風の強いところではシェルターが設置されたりしますが（写真99）、自動車が立ち往生したところは、採草地への出入口に当たり、防雪柵が切れているところでした（写真100）。防風林や防雪柵は暴風雪に対して一定の効果があるものの、今時のような暴風雪に対してはその効果も限界があります。暴風雪に関する情報の提供および道路の閉鎖、そして車内に待機する際は窓を少し開けて換気するなどの対応を住民に周知させることが求められます。

写真98　防雪柵と防風林
（2014年8月撮影）

写真99　シェルター
（2014年10月撮影）

写真100　事故現場
（2014年8月撮影）

②北海道剣淵町

　暴風雪や吹きだまり、土砂崩れから鉄道を守るために、鉄道施設に沿って植林された樹林帯のことを鉄道林と呼びます。旭川と稚内を結ぶ宗谷本線の剣淵駅・北剣淵駅間には見事な

鉄道林が見られます(写真101)。この区間は1900(明治33)年8月1日に天塩線として開通しましたが、冬季になると暴風雪のため線路が雪に埋没し、頻繁に列車が立ち往生していました。これはこの付近には泥炭地が広がっていたため、林地が形成されず、線路が暴風雪にさらされていたことによります。1915(大正4)年にヤチダモが17haにわたって移植されましたが、ほとんど成長しませんでした。そこで、防雪林の樹種として泥炭地でも生育し、かつ成長の早いマツ科の常緑針葉樹であるドイツトウヒを選定しました。さらに、酸性土壌を中性化するために客土と石灰による土壌改良を、地下水位を下げるために排水溝の敷設を行いました。事業は1926(大正15)年4月に着手し、1942(昭和

図42　2万5千分の1地形図「剣淵」平成22年更新（×0.95）

17)年12月に完成しました。これにより、剣淵・北剣淵間の安定輸送が確保されるとともに、その後の宗谷地域の鉄道林にも活かされることになりました。なお、この鉄道林は本事業に貢献した林業技師の深川冬至の名前をとって"深川林地"と呼ばれ(写真102)、1943年に記念林地に指定されるとともに、2005年には土木学会選奨土木遺産に選定されています。

　深川林地の延長は線路の左右あわせて12.7km、面積は68.4haに及びます。図42は剣淵・北剣淵間の地形図です。線路に沿って広葉樹林・針葉樹林の記号が見られますが、この樹林帯が深川林地です。林地内は線路に平行して幅20～30mの林帯が2列設置され、交互に伐採・植林することによって、防風雪機能が低下しないようにしています(写真103)。

写真101　宗谷本線と深川鉄道林
(2014年10月撮影)

写真102　深川林地の碑
(2015年6月撮影)

写真103　深川鉄道林
(2014年10月撮影)

作業　図41、図42の広葉樹・針葉樹の樹林帯を緑色で塗りましょう。樹林帯の特徴についてまとめてみましょう。

（2）防火帯

　函館の歴史は大火の歴史でもありました。函館では1869（明治2）年から大正時代に至るまでに焼失戸数100戸以上の大火は25回にものぼりました。函館に大火が多い理由には、季節風や台風が小さな火事を大火にしてしまう、ということがあります。すなわち、春に日本海で低気圧が発達すると函館に春の嵐をもたらします。9月から10月はじめにかけては、台風が度々北海道付近を通過しますが、北海道西岸を通過すると函館に暴風をもたらします。1954（昭和29）年9月29日に来襲した台風は青函連絡船洞爺丸を沈没させ、1,139名の犠牲者を出しています。冬になると寒冷前線の通過とともに北西の強い季節風をもたらします。函館の大火はこのような風の強い時期に多く発生しています。

　これらの大火は街の景観を大きく変貌させました。1878（明治11）年の大火では函館山北側の弁天町・大国町を中心に954戸を焼失しましたが、大火後は延焼を防ぐための防火帯として4間（1間は約1.8m）幅ほどしかなかった弥生坂以西の大通り（電車通り）を12間幅に、小路を6間幅以上に拡幅しました。さらに翌年の大火では十字街付近以西の2,326戸が焼失したため、20間幅の道路である基坂と二十間坂が整備されるとともに、入り組んでいた道路が直線化され、短冊状の街並みが誕生しました（図43）。今では山麓から海まで一直線に伸びる坂道は函館を代表する景観となっており、映画やCMにたびたび登場しますが（写真104）、これらの坂道はこの時にできたものです。さらに石造りや煉瓦造りの耐火建築の建物が次々と建てられました。例えば、舟見町にある高龍寺には延焼防止のための煉瓦造りの防火塀と煉瓦造りの蔵等が建てられました。写真105は高龍寺の防火塀ですが、延長約50メートル、高さ約7メートルあります。時代は下りますが、1916（大正5）年に真宗大谷派函館別院が日本最初の鉄筋コンクリート造りの寺院として建てられました（写真106）。

　このように防火対策を行ったにもかかわらず、1907（明治40）年の大火では8,977戸が

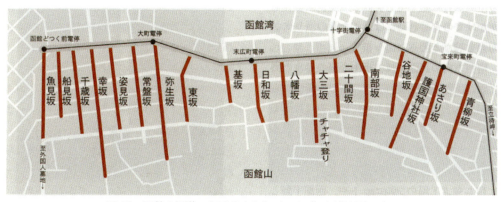

図43　函館の坂道　『函館検定公式テキストブック』（2007）による

焼失し、函館山山麓市街地のほぼ全域が焼き尽くされ、1921（大正10）の大火では函館の商業中心地である十字街から基坂に至る2,141戸が焼失しました。1907年の大火では函館市の財政事情から道路拡幅や直線化等は行われませんでしたが、1921年の大火では12間幅の銀座火防線（銀座通り）が設置されました。この銀座通りはその後、昭和戦前期を通して函館の中心繁華街として賑わいました。そして1934（昭和9）年3月21日には函館史上最大の大火が襲いました。この日、北海道付近を発達中の低気圧が通過し、函館市内は最大瞬間風速39mに及ぶ強風に見舞われました。函館市街地南端の住吉町（現谷地頭町）付近から起きた火災はこの強風により北東部へと燃え広がり、市街地の約3分の2を焼失させました。焼失家屋は2万4,186戸、死者・行方不明者は2,716人にも及んでいます。その被害の大きさ故、「函館大火」と言えば、昭和9年の大火を指します。

　函館大火で最も多くの犠牲者を出したのは、亀田川河口部右岸付近です。図44を見ると津軽海峡に向かって一直線に南流している河川がありますが、これが亀田川です（写真107）。もともと亀田川は函館湾に注いでいましたが、川が運ぶ土砂が函館港を埋めるという問題が生じたため、1888（明治21）年に松川町付近から大森浜までを人工的に水路を開削しました。大火の際、亀田川河口部右岸まで多くの人々が避難してきましたが、亀田川に架かる大森橋がすでに焼失していたため、行き場を失った人たちは溺死（917名）または凍死（217名）しました。亀田川の掘割は深く、また満潮時と重なったため川を歩いて渡ることができず、被害を大きくすることになりました。現在、亀田川河口部右岸は公園になっており、公園内には大火遭遇記念慰霊堂が建立されています（写真108）。この慰霊堂は1938（昭和13）年に建立されたもので、毎年、大火のあった3月21日に犠牲者を弔う法要が行われています。

　函館大火後、「函館大火復興計画案大綱」が定められました。これに基づき、火災の類焼を食い止めるために大火で焼失した区域を中心にグリーンベルトが設けられました。すなわち、函館山東麓の護国神社から市役所、新川公園を経て的場町に至る幅員20間（36m）のグリーンベルト

写真104　二十間坂
（2007年7月撮影）

写真105　高龍寺防火塀
（2007年7月撮影）

写真106　大谷派函館別院
（2007年7月撮影）

写真107　亀田川
（2007年7月撮影）

写真108　慰霊堂
（2007年7月撮影）

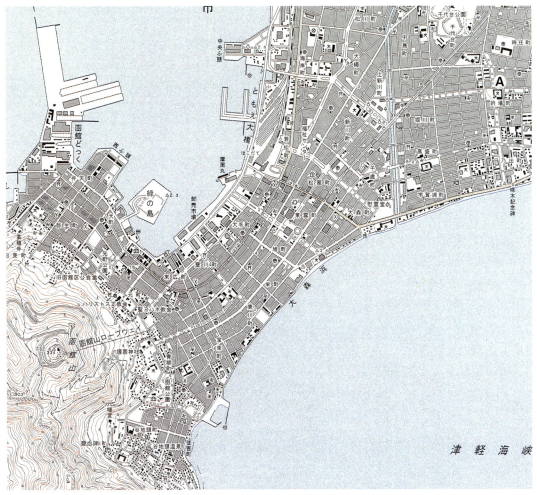

図44 2万5千分の1地形図「函館」平成22年更新（×0.76）

（写真109）とそれに直行する5本の幅員30間（54m）のグリーンベルトです。グリーンベルトは中央には緑地が配され、両サイドは自動車道および歩道となっています。地形図ではこれらのグリーンベルトは平行する2本の道路によって確認することができます。これらのグリーンベルトの末端および交差する場所には公園や学校、官公署（地方裁判所、地方法務局など）が配されています。学校や官公署は鉄骨鉄筋コンクリート製の耐火建築になっており、公園とともに災害時の避難場所としての役割も担っています。新たに建設された学校は復興小学校と呼ばれ、焼失地域内に5校が、焼失地域外に1校が設置されました。写真110は1936（昭和11）年に設置された函館市立的場尋常高等小学校（現的場中学校）です（図44のA）。しかし少子化に伴い学校の統廃合が進んだこと、建物の老朽化が進ん

写真109 函館山東麓から見たグリーンベルト
（2007年7月撮影）

写真110 復興小学校（現的場中学校）
（2015年8月撮影）

だことにより、6校のうち2校は解体されました。なお、「函館大火」以降、函館では大きな大火は起きていません。

> **作業** 図44のグリーンベルトを緑色で塗りましょう。グリーンベルトがどこに設置されているのか確認してみましょう。

【参考文献】

- 山下克彦・平川一臣編(2011):『日本の地誌3 北海道』,朝倉書店.
- 中標津町文化的景観検討委員会(2006):『中標津町の格子状防風林保存・活用事業報告書報告書』,中標津町.
- 小川直仁、小山雅己、池田元基、今尚之、五十嵐日出夫(2007):宗谷線剣淵・士幌間鉄道防雪林における技術的特徴について,土木学研究論文集,28.
- 佐藤俊哉(2006):鉄路を守る深川林地,土木学会誌,91-9.
- 剣淵町史編さん委員会編(1979):『剣淵町史』,剣淵町.
- 平岡昭利編(2001):『北海道 地図で読む百年』,古今書院.
- 酒井多加志(2007):北海道の"みなとまち"を散策する,地理,52-10.
- 函館市史編さん室編(1990):『函館市史通説編第二巻』,函館市.
- 函館市史編さん室編(1997):『函館市史通説編第三巻』,函館市.
- 角幸博監修(2003):『函館の建築探訪』,北海道新聞社.
- 片柳勉、中園翔太、望月優兆(2012):地域の象徴としてのグリーンベルトと地域社会の意識−函館市のグリーンベルトを事例として−,地域環境研究,14.

Ⅱ-8 旱害

　水稲の栽培には生育期に多量の水を必要とします。しかし、降雨が少なく、かつ水量の安定した大河川を有しない地域では、旱ばつの被害を受けてきました。このような地域では、しばしばため池を中心とした農業灌漑システムが発達しています。

　ため池には谷を横切るように土堤を築いて川の水を堰き止める谷池式ため池と、平地に土堤を築いて中に水を貯める皿池式ため池があります。谷池式ため池は小さなダム湖と言ってもよいでしょう。貯水量が大きいため貯水池としての機能を有しています。一方、皿池式ため池は水深が浅いため、貯水量は面積に比べて大きくありません。貯水池とともに用水の中継地としての機能も担っています。

　ため池は旱ばつ対策だけではなく、洪水の調整機能や土砂流出防止、防火用水として役

割も担っています。しかし、ため池が決壊し被害を出すケースも見られることから、特に老朽化したため池の改修ならびにため池の管理体制の構築が求められます。

ため池は播州平野や讃岐平野や奈良盆地において顕著に見られます。このうち播州平野の位置する兵庫県にはため池が約3万8千箇所見られます。これは都道府県別では第一位の数であり、全国のため池数の約2割を占めています。特に明石市から神戸市西区、稲美町一帯にため池が発達しています（図45）。

ため池の水はすべての水田に公平に分配しなければならないため、高度な灌漑システムを必要とします。明石市の西部に位置する西岡、中尾、

図45　2万5千分の1地形図「東二見」平成16年更新（×0.74）

西島の3集落の水田の多くは、谷池式ため池である寛政池、寛政池から流れ出る瀬戸川、瀬戸川から取水された庄内掘割とこの掘割と結びついた皿池式ため池、そして庄内堀割ならびに皿池式ため池から延びる用水路によって灌漑されています（図46）。平時においては瀬戸川から取水した庄内掘割の水および皿池式ため池の水を使用しますが、旱ばつ時においては上流部に位置する寛政池に貯えられた水を使用します。1927（昭和2）年8月13日に寛政池の栓が抜かれましたが、その時の記録によると、寛政池から灌漑システムの末端にまで水が届くのに要した時間は4時間23分でした。寛政池の水は6日後になくなったとのことです。1893（明治26）年夏にこの地域は大旱ばつに見まわれ、多くの村で水不足に陥りましたが、3集落の水田はこの灌漑システムのお陰でほとんど被害がありませんでした。そこで、翌年の4月に寛政池紀功碑を建立し、先人の功績を讃えています。

以下、地形図と写真をもとに寛政池と庄内掘割、そして皿池式ため池について見ていきましょう。寛政池は瀬戸川が形成した谷に瀬戸川の水の貯水を目的に作られた農業灌漑用の貯水池です（写真111）。瀬戸川を高さ2間半（4.5m）、長さ32間（58m）の堤防で横切り、さらに川底を2間（3.6m）掘り下げることによって建設され、これによって149,904m^{3}の貯水が可能となりました。この新池は1800（寛政12）年に完成したため、当時の年号から寛政

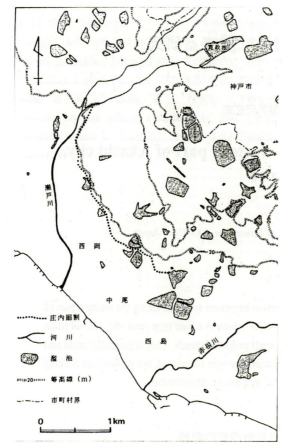

図46　明石市西部のため池灌漑（1973）（酒井（2002）による。）

写真111　寛政池
（2014年9月撮影）

写真112　寛政池堤防
（2014年9月撮影）

写真113　庄内堀割と尻ノ池の土堤
（2014年9月撮影）

写真114　尻ノ池
（2014年9月撮影）

池と名付けられました。地形図には寛政池の名が記されています。現在の堤防は1970年に改修されたものですが（写真112）、地形図には池の南西部に土堤の記号で示されています。

　寛政池から瀬戸川を約2km下ると、庄内堀割の取水口に至ります（図45のA）。堀割は取水口から印南野台地の末端面に沿って南東方向に延びています。堀割は地形図には描かれていませんが、20mの等高線にほぼ沿っています。現在、堀割は住宅地の中を流れていますが（写真113）、かつては田畑の間を流れており、途中各村の石数に応じた長径を持つ樋管がつけられ、田畑へと水が導かれていました。堀割の水は最後に尻ノ池と長谷池へと流れ込んでいます。写真114（図45のB）は皿池式ため池の尻ノ池、写真113の右側の堤は尻ノ池の土堤です。皿池式ため池は土堤内に水を貯めるため、水深は土堤の高さよりも浅く、尻ノ池の水深は平均すると1.4mしかありません。ところで、一般に皿池式ため池は周囲を土堤に囲まれていますが、この付近は南に向かって緩やかに傾斜しているため、土堤はため池の北側には見られません。

以上見てきた庄内掘割と皿池式ため池の起源は資料がなく不明です。また、どちらが先に作られたかについても不明です。本地域に限らず、明石市の皿池式ため池はほとんどその起源がわかっていません。

　1983年に本地域では区画整理事業が始まり、景観は一変しました。現在、第2種住居地域に指定されており、市街地化が進行しています。それに伴いため池の必要性が低下し、尻ノ池の北に位置する新池は中尾親水公園として整備され、東に位置する皿池は北側が埋め立てられ市民会館が建てられています。

> **作業**　図46の灌漑システム（ため池と用水路）を図45に書き込んでみましょう。ため池と用水路との関係を確認してみましょう。

【参考文献】
・明石市中尾土地区画整理組合(1989):『中尾のすがた』, 日本ベースマップ工業株式会社.
・酒井多加志(2002):兵庫県明石市西部の溜池灌漑に関する研究, 環境教育研究, 5.
・日本地誌研究所(1973):『日本地誌第14巻 京都府・兵庫県』, 二宮書店.

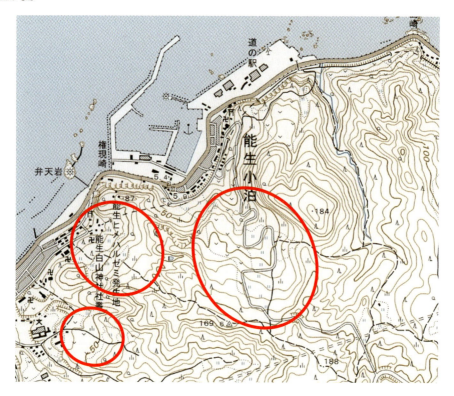

III 歴史に見る自然災害と防災

Ⅲ-1 信玄の治水事業

　扇状地は河川の氾濫の繰り返しによって形成されます。従って、扇状地は河川の氾濫による災害が多く見られます。山梨県の甲府盆地の西部に位置する御勅使川（みだい）扇状地は南アルプス（赤石山脈）から流れ出る御勅使川によって形成されました。もともと御勅使川は現在よりも南側を流れており、信玄橋付近で釜無川（かまなし）とほぼ直角に合流していました。大雨の際に濁流となった御勅使川はこの合流付近で釜無川の流れを一気に東側へと押し出し、甲府盆地一帯を水没させ大きな被害をもたらしました。御勅使川は825年の大洪水の際に朝廷がこの地に勅使を下向させ、災害復旧に当たらせたことがその名の由来と言われています。

　甲斐の国の守護職となった武田信玄（1521-1573）は1541年に一大治水事業に着手しました。甲府盆地での水害をなくすには、御勅使川合流付近で釜無川の流れを安定化させることが必要でした。そこで御勅使川の本流を北側に付け替え、釜無川の左岸にあった高岩と呼ばれる岩に御勅使川の本流の流れをぶつけることとしました。これは釜無川の流れが東側に押し出されることを防ぐことを目的としています。

　以下、武田信玄による御勅使川と釜無川の治水事業を地形図で確認していきましょう。図47aの地形図の御勅使川扇状地の扇頂に"御勅使川旧堤防（石積出）"と書かれた史跡名勝天然記念物を示す記号が見られます。これは雁行状（がんこう）に築かれた築山状の石堤で（写真115）、御勅使川の水の流れを北東方向に向け、河道の安定をはかる役割を果たしています。石積出は8基ありましたが、現在はそのうち5基が確認されています。

　石積出から4km弱ほど下ったところに"御勅使川旧堤防（将棋頭）"と書かれた史跡名勝天然記念物を示す記号が見られます。"将棋頭"とは形状が将棋の駒の頭部に似ていることか

図47a　2万5千分の1地形図「小笠原」平成19年更新（×0.78）

ら名付けられた石造りの分流堤防のことです(写真116)。この分流堤防によって御勅使川の流れは南北に二分されますが、このことにより各々の河川の水量は減じ、水勢は弱まることになります。将棋頭の南側を流れるのは前御勅使川で、かつての御勅使川です。前御勅使川は1896(明治29)年の洪水を機に廃河川となり、1930(昭和5)年には河道に沿って道路が建設されています。北側を流れるのは新たに本流として開削された本御勅使川(後御勅使川)で、現在の御勅使川にあたります。地形図を見ると御勅使川には数多くの堰の記号が見られます。ここでの堰とは砂防ダムのことですが、これら砂防ダム群は土砂の流出を抑えるとともに水の流れを弱める役割を果たしています。写真117は国道52号線の橋梁から御勅使川の上流方向に撮影したものです。見事なまでに連続する砂防ダム群はいかに御勅使川の土砂の流出量が多いかを物語っています。"御勅使川旧堤防(将棋頭)"は御勅使南公園の北側にも見られます。この地点においても御勅使川は南北に二分され、南側を流れる本流は割羽沢川を合わせて釜無川に合流します。

写真115 石積出
(2012年8月撮影)

写真116 将棋頭
(2012年8月撮影)

写真117 御勅使川
(2012年8月撮影)

　図47bの地形図の御勅使川と釜無川との合流地点(写真118)には16個の石を置き、川の流れを高岩へと誘導しました。地形図の"東裏"と書かれたところに釜無川に面して崖(岩)の記号が見られますが、これが高岩です。高岩は釜無川の浸食によってできた高さ20〜30mの切り立った崖で(写真119)、その南には神社の記号が見られます。この神

図47b　2万5千分の1地形図「韮崎」平成18年更新(×0.79)

社は三社神社と呼ばれ（写真120）、毎年、出水期の前の4月15日に一宮町の浅間神社から御輿を練り歩く水防祭り「御幸さん」が行われています。祭りは領民に水害の恐ろしさと治水の重要性を周知させる役割を果たしています。

写真118　釜無川
（2012年8月撮影）

写真119　高岩
（2012年8月撮影）

三社神社から南に向かって"竜王の信玄堤"と呼ばれる堤防が続いており（写真121）、地形図にも土堤の記号で示されています。この堤防は雁行堤と呼ばれる築堤法が取られています。これはまず川に沿って本堤を築き、本堤から河側に複数の"出し（水制工）"と呼ばれる出っ張りを築くというものです（図48）。連続する"出し"が列を成して飛ぶ雁のように見えることから"雁行堤"と名付けられました。"出し"は水の流れを川の中心に戻すとともに、本堤が流水に侵食されることから防護する役割も果たしています。現在、"出し"は現存していません。本堤にはケヤキや姫笹を植えるとともに、河川側は石で覆うなど、堤防の補強工事も行われています。

写真120　三社神社
（2012年8月撮影）

写真121　信玄堤
（2012年8月撮影）

図48　信玄堤（『信玄堤』による。）

さらに釜無川に沿って霞堤と呼ばれる堤防が続きます。霞堤とは堤防のある区間に開口部を設け、下流側の堤防を外側に向かって逆八の字型に築いた堤防のことです（図49）。洪水時には開口部から水が逆流して堤内地に湛水し、河川の水位が下がると堤内地

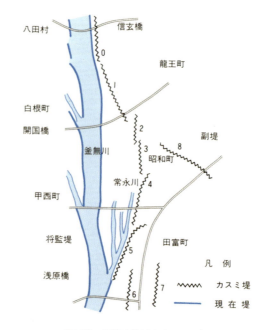
図49　霞堤（『信玄堤』による。）

の水が河川に戻る仕組みになっています。かつて竜王の信玄堤の下流部の"飯喰"と"臼井"に霞堤が築かれましたが、両霞堤は竜王の信玄堤が決壊した際、氾濫水をこの霞堤から自然

に釜無川に戻す役割も果たしていました。現在も"臼井"の霞堤は治水機能を有しています。

以上見られた武田信玄による一連の治水工事は1560年頃に完成しました。足かけ20年にもわたる工事でした。自然の力を利用した治水工法は"甲州流河防法"と呼ばれ、御勅使川の将棋頭と石積出は「御勅使川旧堤防（将棋頭・石積出）」の名称で、2003年に国の史跡に指定されています。

> **作業** 図47abを用いて、信玄が築いた御勅使川をたどってみましょう。途中、"御勅使川旧堤防"と書かれたところ（3カ所）と高岩、信玄堤を赤色で囲んでください。作業を通じて武田信玄が行った治水の工夫についてまとめてみましょう。

【参考文献】
・建設省甲府工事事務所：『信玄堤』．
・長尾義三（1987）：『物語日本の土木史』，鹿島出版会．
・日本放送協会・日本放送出版協会編集（2008）：『NHK趣味悠々 地形図片手に日帰り旅』，日本放送出版協会．
・http://www.ktr.mlit.go.jp/koufu/koufu00145.html

Ⅲ-2 木曽三川の治水事業

（1）宝暦治水工事

　木曽三川と呼ばれる木曽川、長良川、揖斐川の下流域はかつては河川が複雑な網目状となっており、絶えず氾濫が起きていました。そこで1753（宝暦3）年に幕府は薩摩藩に御手伝普請として木曽三川下流域の治水工事を命じました。宝暦治水工事と呼ばれるこの工事は莫大な建設費を薩摩藩に負担させることによって藩の力を削ぐことも目的としていました。薩摩藩は家老である平田靭負（1704-1755）を総奉行とする947名の藩士を派遣し、木曽三川の治水事業に当たらせました。

　木曽三川の中でも特に被害が大きかったのは揖斐川の下流域でした。これは濃尾平野が西へ行くほど低くなっており、そのため大雨が降ると一番西に位置する揖斐川に木曽川や長良川の水が流れ込んだことによります。そこで、治水工事の一つとして揖斐川を他の河川から分離するための築堤工事が計画されました。この堤は油島千本松締切堤と呼ばれていますが、宝暦治水工事の中で最も困難を極めました。宝暦治水工事は1954年4月に着工し、1755（宝暦3）年3月に竣工しました。平田靭負はこの間に多数の犠牲者を出したこと、工事費が当初の見積りを大きく上回ったことへの全責任を負い、出来ばえ検分終了の3日後に自刃しま

した。平田靱負は京都伏見にある薩摩藩の祈祷所である大黒寺（通称薩摩寺）に埋葬されました（写真122）。

　竣工後、薩摩藩士は堤防上に千本の日向松を植えたと伝えられています。現在も約1kmにもわたって樹齢200年以上の松の林が続いており、千本松原と呼ばれています（写真123）。そして、締切堤の基部には1938（昭和13）年に平田靱負を始めとする殉職した85名の薩摩藩士を祭神とする治水神社が建立されています（写真124）。なお、締切堤のある岐阜県海津市（地形図では海津町）と鹿児島県霧島市は締切堤が縁となり友好提携を結んでいます。

　写真125は木曽三川公園内にある展望タワー（図50の地形図には高塔の記号で示されています）から南に向かって撮影したものです。中央に細長く伸びるのが締切堤で、堤防上に松林が続いているのがわかります。地形図では松

写真122　大黒寺の平田靱負の墓
（2015年5月撮影）

写真123　千本松原
（2015年3月撮影）

写真124　治水神社
（2015年3月撮影）

写真125　油島千本松締切堤
（2015年3月撮影）

写真126　宝暦治水碑
（2015年3月撮影）

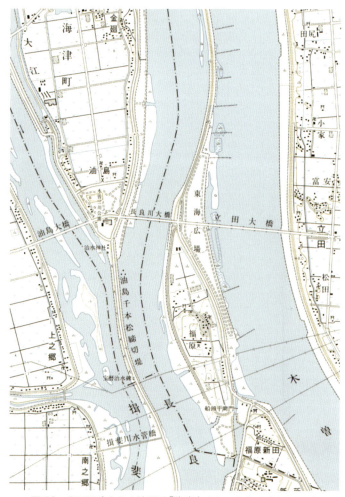

図50　2万5千分の1地形図「弥富」平成12年修正測量（×0.8）

林は針葉樹林の記号で示され、治水神社から宝暦治水碑まで続いています。この治水碑は1900（明治33）年に建立されました（写真126）。この碑のある場所が締切堤の南端に当たり、締切堤の西側を揖斐川が、東側を長良川が伊勢湾に向かって流れています。

（2）デ・レーケの治水工事

　宝暦治水工事完成後も木曽三川の水害は止まず、多くの被害を出し続けました。明治になると、地元住民から河川改修の要望が出され、御雇い外国人であるオランダ人技術者ヨハネス・デ・レーケ（1842～1913）が木曽三川の改修を計画することになりました。この計画の中心となったのが木曽三川の分流工事です。1891（明治24）年に着工し、1912（明治45）年に竣工しました。デ・レーケによる治水工事完成後、水害は大幅に減少しました。デ・レーケはこの他にも淀川や富山県の常願寺川の河川改修、福井県の三国港の改修工事など日本各地に足跡を残しています。

　写真127は展望タワーから北東に向かって撮影したものです。手前に長良川が、奥に木曽川が流れ、デ・レーケの築いた堤防が2つの河川を分けています。この堤防建設はデ・レーケの治水工事の中で最も重要なものです。地形図では"東海広場"から北に向かって伸びる堤防の記号がデ・レーケが築いた堤防になります。堤防から複数の水制の記号が伸びていますが、これはケレップ水制と呼ばれ、水流から堤防を守っています（前掲写真6）。これらのケレップ水制は2000年度の土木学会選奨土木遺産に指定されています。

写真127　デ・レーケの築いた締切堤
（2015年3月撮影）

　一方、この木曽三川の分流工事は三川間の船運を分断することになりました。そこで、木曽川と長良川を結ぶ水路が計画されました。ところが、木曽川と長良川は水位が異なるため、水位差を調整するための施設が必要となり、閘門方式が採用されることになりました。閘門方式とは水路に2つのゲートを設け、ゲート間の水位を調整することにより船の通行を可能とするもので、パナマ運河がその代表

写真128　船頭平閘門
（2015年3月撮影）

です。この閘門は船頭平閘門と呼ばれ、1899（明治32）年に着工し、1902（明治35）年に竣工しました（写真128）。地形図では閘門は水門の記号で示されています。船頭平閘門は2000年に重要文化財に指定されています。閘門付近は船頭平河川公園として整備され、デ・レーケの像が建立されています。

【参考文献】

・日本地誌研究所編（1969）：『日本地誌 第12巻 愛知県・岐阜県』，二宮書店．
・藤田佳久・田林明 編（2007）：『日本の地誌7　中部圏』，朝倉書店．
・http://www.cbr.mlit.go.jp/kisokaryu/index.html

Ⅲ-3
島原大変肥後迷惑

　1792年5月21日（寛政4年4月1日）の午後8時に肥前国（長崎県）島原の雲仙岳で大きな火山性地震が2度発生し、その後、雲仙岳の東に位置する眉山の有明海側が山体崩壊を起こしました（写真129）。山体崩壊とは地震や噴火、大雨などを引き金として山体の一部が大規模に崩壊する現象をいいます。眉山の山体崩壊では3億4000万立方メートルにも及ぶ大量の土砂や岩が麓の田畑や家屋を飲み込み、有明海へと一気になだれ込みました。これらの土砂や岩は高さ10m以上の津波を発生させ、有明海対岸の肥後国（熊本県）および天草に襲いかかりました。さらに肥後の海岸で反射した津波は再び島原を襲いました。この山体崩壊と津波による死者は島原で約10,000人、肥後国で約5,000人を数え、これはわが国の火山災害としては有史以来最大のものです。眉山の山体崩壊は島原のみならず、肥後国まで被害をもたらしたため、「島原大変肥後迷惑」という言葉を生み出しました。この津波により、島原市街地の北に位置する田町の海岸には多くの溺死者が打ち上げられました。そこで島原藩は翌年に大津波による溺死者を供養するため、この地に供養塔を建立しています。高さ1.8mある石塔には"流死菩提供養塔"と刻まれています（写真130）。島原藩はこれ以外に6基の供養塔を建立しています。

写真129　眉山
（2013年3月撮影）

写真130　流死者の供養塔
（2013年3月撮影）

　山体崩壊の跡は地形図で確認することができます。地形図を見ると眉山は標高818.7mの七面山を最高峰とするいくつかのピークから成り立っていることがわかります。このうち天狗山と708mのピークを結ぶ尾根線の直下には崖（岩）の記号が連続しており、崖の東側には馬蹄形の谷が見られます。崖の記号を起点とした馬蹄形の部分が山体崩壊を起こした場所です。眉山の基岩は安山岩ですが、節理（割れ目）が発達しており、崩れやすくなっています。山体崩壊まではいかなくとも、降雨のたびに大量の土砂が流出するため、眉山山麓には多くの砂防ダムが建設されています。

　さらに、眉山と有明海の間には多くの小山が、有明海には九十九島と呼ばれる多くの島々が見られますが（写真131）、これらも山体崩壊の跡です。多くの小山と九十九島は眉山の山体崩壊によってなだれ込んだ土砂や岩が形成したもので、「流れ山」と呼ばれています。高浜虚子は

写真131　流れ山
（2013年3月撮影）

九十九島の景観を見て「山裂けて　くだけ飛び散り　島若葉」という句を詠んでいますが、九十九島の成り立ちを見事に表現しています。写真132は秩父が浦公園の写真ですが（図51）、池中央の小島と背後の小山が「流れ山」になります。眉山の崩壊はいくつか窪地を作りましたが、そのうちの一つである白土町の窪地にはわき水がたまり、南北約200m、東西約70mの池（白土湖）が形成されました（写真133、図51のA）。なお、白土湖の南に"崩山町"という地名がありますが、これは眉山山体崩壊に由来する地名です。

写真132　秩父が浦
（2013年3月撮影）

写真133　白土湖と眉山
（2013年3月撮影）

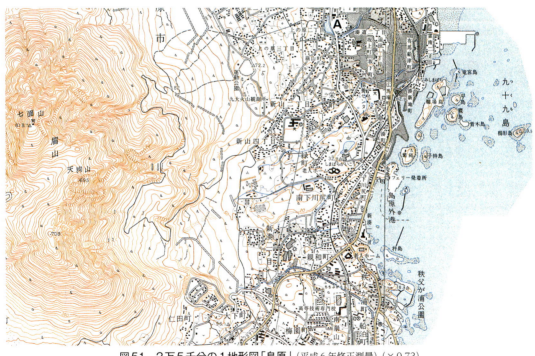

図51　2万5千分の1地形図「島原」（平成6年修正測量）（×0.73）

【参考文献】

・長崎大学生涯学習教育研究センター運営委員会編（1994）：『雲仙・普賢岳火山災害にいどむ－長崎大学からの提言－』，大蔵省印刷局.
・堀川治城（1987）：眉山大崩壊と津波被害，熊本地学会誌，86.
・菊池万雄（1980）：寛政4年雲仙岳噴火と眉山崩壊の被害，日本大学文理学部自然科学研究所研究紀要 地理，15.

Ⅲ-4 淀川の治水事業

　大阪の地は淀川や大和川などの河川が運ぶ土砂によって形成されました。そのため、低い平坦な土地が広がり、古来より河川の氾濫、高潮、津波の被害に悩まされてきました。淀川の氾濫に対しては仁徳天皇が命じたと言われる茨田の堤の建設に始まり、豊臣秀吉による文禄堤の建設、河村瑞賢（1618～1699）による安治川開削工事、中甚兵衛による大和川の付け替え工事（淀川に合流していた大和川を直接大阪湾に注ぐよう付け替えた工事）、沖野忠雄による新淀川の開削と毛馬洗堰の建設などが行われてきました。ここでは安治川開削について見ていきましょう。

　淀川河口部のデルタ地帯は淀川の氾濫による被害が絶えませんでした。そこで幕府は1684（貞享元）年、河村瑞賢に淀川の水を大阪湾に一直線に導く水路（安治川）の開削を命じました。工事は4年の歳月をかけて完成しましたが（写真134）、開削の際に出た土砂は航路の目印となるよう安治川左岸に積み上げられ、小さな丘となりました。この丘は河村瑞賢の名を取って「瑞賢山」と呼ばれましたが、高波を防いだことから「波除山」とも呼ばれています。現在、「波除」は町名として残っており（写真135）、町内にある波除公園（図52のA）には波除山が復元されています。地形図では中之島西端から大阪湾に向かって伸びる河川が安治川で、波除山は図52のB付近にありました。波除山は現在は小さな公園になっており、碑が建っています。また、安治川左岸の図52のC地点には河村瑞賢の功績をたたえ、1915（大正4）年に紀功碑が建てられました（写真136）。開削当初の安治川は新川と呼ばれていましたが、後に"安けく治むる"との意味から、安治川と改名されています。安治川開削後、河口に港が造られたため、安治川は淀川舟運の大動脈となりました。

　安治川には絶えず上流から土砂が流入するため、水路確保および水害対策として1831（天保2）年から翌年にかけて川底に堆積した土砂を取り除く川ざらえが行われました。安治川の河口にある天保山は日本一低い山として有名ですが、この山は川ざらえの際に出た土砂を積み上げてできたもので、当時は高さが約20mあったとのことです。しかし、天保山は幕末に砲台建設のために山体が大きく削

写真134　安治川
（2015年5月撮影）

写真135　波除の住所表示
（2015年5月撮影）

写真136　紀功碑
（2012年3月撮影）

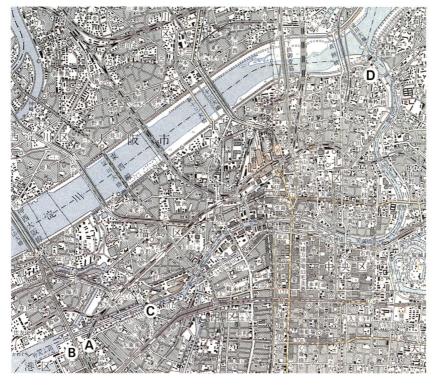

図52　5万分の1地形図「大阪西北部」平成11年要部修正、「大阪東北部」平成20年修正（×0.76）

り取られ、さらに地盤沈下によりどんどん低くなっています（写真137）。前掲図23の地形図を見ると、天保山の山頂には三角点があり、高さ4.5mと記載されています。

　安治川の開削ならびに川ざらえが行われたにもかかわらず、その後も洪水は頻繁に起きました。特に1885（明治18）年の大水害では多大なる被害を出しました。これをきっかけに淀川の水を大阪の中心部を通らずに直接大阪湾に流す放水路が計画され、1898年に着工、1909年に完成しました。この放水路が現在の新淀川（地形図では淀川と表記）であり、長さは8km、川幅は800mあります。新淀川と旧淀川（大川）との分岐点の毛馬には洗堰が設置されました（写真138、図52のD）。洗堰とは堰の上から河川水を越流させるタイプの堰で、これにより下流の旧淀川へは必要な量の水だけを送ることができるようになりました。新淀川開削後、現在に至るまで大阪中心部では外水氾濫は起きていません。

写真137　天保山
（2015年6月撮影）

写真138　毛馬水門
（2015年5月撮影）

Ⅲ 歴史に見る自然災害と防災

【参考文献】

・長尾義三（1987）：『物語日本の土木史』，鹿島出版会.

・松浦茂樹（1992）：『明治の国土開発史』，鹿島出版会.

・http://www.city.osaka.lg.jp/minato/page/0000160768.html

IV

災害地名をたどる

Ⅳ−1
高知

　高知県の県庁所在地である高知市は、2019年4月現在、約33万人の人口を有し、高知県の政治、経済、文化の中心としての役割を果たしています。高知市は1603年に山内一豊が鏡川（写真139）と江の口川に挟まれた小高い丘の上に河中山城を築いたことに端を発します（図53）。城下は2つの河川に挟まれた地域に形成されました。この2つの河川が天然の堀、すなわち防御の役割を果たすことに

写真139　鏡川
（2008年3月撮影）

なりましたが、反面河川の氾濫に悩まされることになりました。特に、鏡川は大きなものだけでも10年に1回は氾濫し、城下に大きな被害を出しました。第2代藩主山内忠義は、"河中"の名を忌み嫌い、1610年に"高智"と改名し、これが現在の"高知"という地名の起源となっています。"河中"と似た災害地名としては他に"河内"があります。

　洪水による被害を最小限に食い止めるため、鏡川の堤防には水防の受け持ち区域（丁場）が設定されました。この丁場は12に分かれ、区域の境界には"水丁場の標柱"が建てられました。各丁場には家老を筆頭とする組が設けられ、出水時には武士と町人が協力して、水防に当たりました。丁場には目盛りをつけた標柱も建てられ、増水状態を確認していたとのことです。現在、鏡川河岸には3本の標柱が残されています（写真140）。

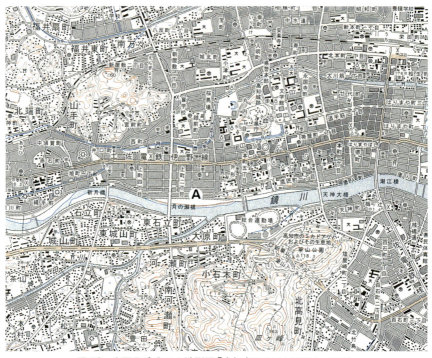

図53　2万5千分の1地形図「高知」平成19年更新（×0.78）

丁場のある鏡川沿いには築屋敷と呼ばれるところがあります。図53の上町2丁目から4丁目にかけて、鏡川に平行する2本の擁壁および崖（土）の記号が見られますが、これらは堤防で、2本の堤防に挟まれた地域が築屋敷になります（図53のA）。北側の堤防は鏡川の本堤防で、本堤防から南側はもともと鏡川の河川敷が広がっていました。1704（宝永元）年に町人が藩の許可を得て、この河川敷に屋敷地を築きました。屋敷地は河川の水位が上昇すると水没するため、家は石垣を施した土盛りの上に築かれています（写真141）。Ⅱ-1の輪中地帯で紹介した高屋敷住宅と同じタイプの住宅だと言えるでしょう。

写真140　水丁場の標柱
（2008年3月撮影）

　ところで、築屋敷付近で鏡川に神田川が合流していますが、この神田川流域にはかつて水田が広がっていました。この水田地帯はもともと鏡川が氾濫した際の遊水地としての機能を果たしており、高知城下を水害から守っていました。高度経済成長期に神田川流域では急速に宅地化が進行しましたが、もともと低湿地であったため、たびたび台風による氾濫被害や高潮被害が発生しています。

写真141　築屋敷
（2008年3月撮影）

　神田川流域に限らず、高知市街地は低湿地帯に形成されているため標高が低く、かつ海からも近いため、津波の危険もあります。内閣府は高知市での南海トラフ地震の平均津波高を9m、津波の最短到達時間を16分と推定しています。高知市は河川氾濫だけでなく、津波対策も求められています。

Ⅳ-2
早稲田

　「早稲」とは早く成熟する稲の品種のことをいいます。かつてこのような品種の稲は寒冷地や水害を受けやすい地域で栽培されました。これらの地域では気温が低くなる前に、あるいは台風シーズンの前に稲を刈り取ってしまう必要がありました。早稲を植えた田、すなわち早稲田は地名として残っています。早稲田大学の位置する東京都新宿区早稲田もそのうちの一つです。明治時代の地形図を見ると早稲田には水田が広がっていたことが読み取れます（図54a）。

図54a　1万分の1地形図「早稲田」
明治42年測図（×0.7）

Ⅳ　災害地名をたどる　81

この水田は「早稲田田んぼ」と呼ばれていました。水田の中を蛇行している河川は神田川ですが、この神田川は台風の季節になるとよく氾濫しました。そのため、ここでは台風の季節が到来する前に収穫できる早稲の品種が栽培されていたのでしょう。従って、この場合の早稲田は水害常襲地帯の地名であると考えられます。現在、早稲田には水田はなく、神田川は直線化され、当時の面影は残っていません（写真142）。わずかに神田川の蛇行の痕跡を新宿区と豊島区の区境に見ることができます（図54b）。

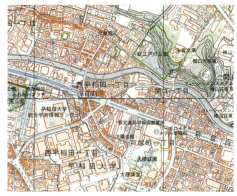

図54b　1万分の1地形図「池袋」平成10年修正、「新宿」平成10年修正（×0.7）

神田川では、水害対策として神田川に沿って暗渠の分水路を3カ所設置し、神田川の水を逃がしてきました。写真143は水道橋付近の神田川ですが、左手に分水路の取水口が見えます。しかし、その後も水害被害が絶えず、最近では2005年9月の集中豪雨により125.9haが浸水し、浸水家屋3,591棟を出しています。水害対策として、1988年から環状七号線の地下に増水時に水を貯える調整池の建設を開始し、2008年に完成しました。この調整池はトンネル延長4.5km、貯留量54万㎥あります。調整池完成以降、神田川流域での浸水被害は激減しています。

写真142　早稲田付近の神田川
（2008年8月撮影）

写真143　水道橋付近の神田川
（2008年8月撮影）

Ⅳ-3 呉

　広島県呉市は広島市の南東に位置し、2019年3月末現在、約22万4千人の人口を有しています。この呉という都市名は"崩"が地名の由来になったと言われています。すなわち、呉は崩れやすい地形、地質構造を有する街だと言えます。

　呉はもともと漁村でしたが、呉工廠が設置されてからは人口が急増し、戦前は海軍の街、戦後は造船の街として発展しました。特に昭和戦前期の人口増加は著しく、1941（昭和16）年に30万人であった人口が、2年後には40万人に達しました。

　呉はもともと平地に乏しかったため、周辺の山地の斜面において急速な宅地化が進行しました。宅地化は山の中腹にまで達し（図55）、階段状の宅地と石の階段や石垣を有する特徴

ある景観を生み出しました。写真144は両城地区の住宅地、写真145は「両城の200階段」と呼ばれる階段です。この地区はかつて海軍士官が多く居住しており、和洋折衷のモダンな建物が建てられました。呉は軍港であるがゆえに太平洋戦争時に大規模な空襲を受けましたが、両城地区は戦災を免れ、現在もなお当時の建物が多く残されています。特異な景観に加え、映画のロケ地になったこともあり、最近は観光客も訪れています。しかし、急傾斜地が宅地化されたために災害に対しては弱く、その多くは急傾斜地崩壊危険箇所に指定されています。2001（平成13）年に発生した芸予地震ではこの時期に開発された住宅地において家屋、石垣、擁壁が倒壊するなどの被害を出しました。また、近年急傾斜地を開発してできた住宅地においても地すべりが発生し、大きな被害を出しました。

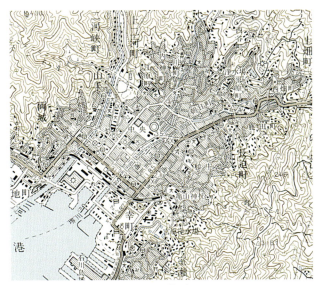

図55　5万分の1地形図「呉」平成6年修正（原寸）

写真144　階段住宅
（2008年3月撮影）

写真145　両城の200階段
（2008年3月撮影）

　災害地名の中にはその土地特有の言い回しや本章で紹介した高知（河中）や呉（崩）以外にも、梅田（埋田）、大久保（大窪）のように、別の漢字に変えてしまったものもあります。

[課題]

皆さんのまわりに災害地名がないか探してみましょう。

【参考文献】
・河田惠昭・玉井佐一・松田誠祐（1993）：水害常襲地域における災害文化の育成と衰退，京都大学防災研究所年報，36 B-2．
・松田磐余（2008）：『江戸・東京地形学散歩』，之潮．
・釜井俊孝・守随治雄（2002）：『斜面防災都市』，理工図書．
・平岡昭利編（2008）：『地図で読み解く日本の地域変貌』，海青社．
・http://www.kensetsu.metro.tokyo.jp/sanken/kasen_kanri.html

V

先人から学ぶ防災
－安政の地震と防災教育－

V-1 安政の地震

　駿河湾南部から紀伊半島沖、四国沖にかけて全長約1,000km、深さ4,000m程度の南海トラフと呼ばれる海底のくぼみがあります。南海トラフではフィリピン海プレートがユーラシアプレートの下に沈み込んでいますが、この沈み込みに対してユーラシアプレートが90～250年程度の間隔で反発します。この反発が地震であり、時には大津波を発生させます。江戸時代の安政年間にこの南海トラフに起因した2つの大きな地震がありました。安政東海地震（M8.4）と安政南海地震（M8.4）です。

　安政東海地震は1854（安政元）年12月23日午前8時に発生し、津波が房総半島から四国太平洋岸に押し寄せました。伊豆半島の下田では津波の波高が7mにまで達し、たまたま日露和親条約締結のために下田港に停泊していたロシア軍艦ディアナ号が大きな被害を受けました。この地震での下田では900軒余りの民家が流され、122人もの犠牲者が出たと言われています。地震の翌年、稲田寺に死者を供養するための津なみ塚が建立されています（写真146）。

写真146　津なみ塚
（2007年10月撮影）

　さらに、安政東海地震発生32時間後の12月24日午後4時に安政南海地震が発生しました。この地震では津波が紀伊半島南西岸から四国太平洋岸に押し寄せ、串本では波高が15mにも達しています。大坂では津波が川を遡上し、341人もの死者を出しています。木津川にかかる大正橋の袂には大地震両川口津波記という石碑が建立されています（写真147）。この津波による流失家屋は紀州藩領で8,500戸、土佐藩領で3,200戸と言われています。

写真147　大地震両川口津波記
（2011年8月撮影）

　このように両地震は多大なる被害を与えましたが、その経験は私たちに「大地震津なみ心え之記碑」と「稲むらの火」という2つの優れた防災教材を残してくれました。

V-2 大地震津なみ心え之記碑

　和歌山県北部の太平洋岸に湯浅町と呼ばれる人口1万2千あまりの町があります（図56）。湯浅は熊野街道の宿駅として発達しましたが、醤油発祥の地、伝紀伊国屋文左衛門生誕の地としても知られています。現在でも古い街並みが残されており、国から伝統的建造物群保

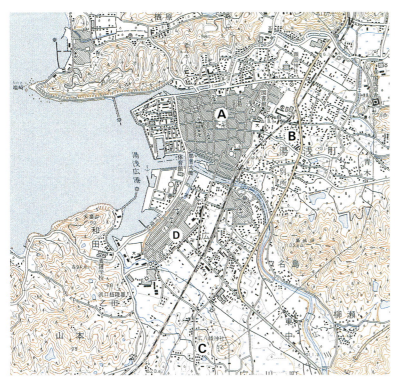

図56　2万5千分の1地形図「湯浅」平成12年修正測量（×0.75）

写真148　湯浅市街地
（2007年4月撮影）

写真149　深専寺山門
（2007年4月撮影）

存地区に選定されています（写真148）。この湯浅の市街地のほぼ中心に1431年に創建された浄土宗の古刹、深専寺があり（図56のA）、その山門横に528文字からなる「大地震津なみ心え之記碑」が建立されています（写真149）。ここでの「大地震津なみ」とは安政南海地震により発生した津波を指しています。湯浅ではこの津波で440戸の家屋が流出し、28人の死者を出しました。当時、深専寺住職であった善徴上人（承空上人）は、地震発生2年後の1856（安政3）年11月にこの碑を建立しました。碑には次のような文章が書かれています。

大地震津なみ心え之記碑

　碑文正面（現代語訳）

　嘉永七年（1854）六月十四日、深夜三時頃、大きな地震が起こり、翌日の十五日までに三十一、二度揺れ、それから小さな地震が毎日のように続いた。六月二十五日頃になってようやく地震も静まり、人々の心も落ち着いた。

　しかし、十一月四日、晴天ではあったが、午前十時頃また大きな地震が起こり、およそ一時間ばかり続き、瓦が落ち、柱がねじれる家も多かった。河口には波のうねりが頻繁に押し寄せたが、その日も大きな被害などもなく、夕暮れとなった。

　ところが翌日の五日午後四時頃、昨日よりさらに強い地震が起こり、南西の海から海鳴りが三、四度聞こえたかと思うと、見ている間に海面が山のように盛り上がり、「津波」というまもなく、高波が打ち上げ、北川（山田川）南川（広川）原へ大木、大石を巻き上げ、家、蔵、船などを粉々に砕いた。其の高波が押し寄せる勢いは「恐ろしい」などという言葉では言い

表せないものであった。

　この地震の際、被害から逃れようとして浜へ逃げ、或いは船に乗り、また北川や南川筋に逃げた人々は危険な目に遭い、溺れ死ぬ人も少なくなかった。

　既に、この地震による津波から百五十年前の宝永四（1707）年の地震の時にも浜辺へ逃げ、津波にのまれて死んだ人が多数にのぼった、と伝え聞くが、そんな話を知る人も少なくなったので、この碑を建て、後世に伝えるものである。

　また、昔からの言い伝えによると、井戸の水が減ったり、濁ったりすると津波が起こる前兆であるというが、今回（嘉永七年）の地震の時は、井戸の水は減りも濁りもしなかった。

　そうであるとすれば、井戸水の増減などにかかわらず、今後万一、地震が起これば、火の用心をして、その上、津波が押し寄せてくるものと考え、絶対に浜辺や川筋に逃げず、この深専寺の門前を通って東へと向かい、天神山の方へ逃げること。　恵空一菴書

（深専寺の「大地震津なみ心え之記碑」解説書より）

　この碑文の内容をまとめると、次のようになります。
・地震についての具体的記述。
・危険な避難行動。
・碑建立の目的。
・言い伝えの否定。
・取るべき行動。

　犠牲者を悼む慰霊碑は日本各地に見られますが、災害に対する心得について記した碑は珍しいといえるでしょう。しかも、この碑に書かれていることは、現代においてもそのまま通用するのではないでしょうか。

> **作業**　図56に"大地震津なみ心え之記碑"に書かれている避難ルートを書き込んでみましょう。天神山は図56のBにあります。

V－3 稲むらの火

　昭和12～22年の国定教科書・尋常小学校5年生用「小学国語読本巻十」と「初等科国語六」には「稲むらの火」という物語が掲載されています（注："稲むら"とは"稲わら"のこと、写真150）。「稲むらの火」は1934（昭和9）年に文部省が小学校教材を一般公募した際に和歌山県の小学

写真150　稲むら
（2007年4月撮影）

校の教員であった中井常蔵(1908～1994年)が応募し、採用された物語です。この物語は小泉八雲(1850～1904年)の小説、「A Living God(生ける神)」('Gleanings in Buddha-Fields(仏の畠の落穂拾い)'に収録)をもとに書き上げたものです。優れた防災教材であり、わが国の防災教育に大きな影響を与えました。まずは、本文を見ていきましょう。

　「これはただ事ではない」とつぶやきながら、五兵衛は家から出てきた。今の地震は、別に烈しいというほどのものではなかった。しかし、長いゆったりとしたゆれ方と、うなるような地鳴りとは、老いた五兵衛に、今まで経験したことのない不気味なものであった。
　五兵衛は、自分の家の庭から、心配げに下の村を見下ろした。村では豊年を祝う宵祭りの支度に心を取られて、さっきの地震には一向に気が付かないもののようである。
　村から海へ移した五兵衛の目は、たちまちそこに吸いつけられてしまった。風とは反対に波が沖へ沖へと動いて、みるみる海岸には、広い砂原や黒い岩底が現れてきた。
　「大変だ。津波がやってくるに違いない」と、五兵衛は思った。
　このままにしておいたら、四百の命が、村もろとも一のみにやられてしまう。もう一刻も猶予はできない。
　「よし」と叫んで、家に駆け込んだ五兵衛は、大きな松明を持って飛び出してきた。そこには取り入れるばかりになっているたくさんの稲束が積んであった。
　「もったいないが、これで村中の命が救えるのだ」と、五兵衛は、いきなりその稲むらのひとつに火を移した。風にあおられて、火の手がぱっと上がった。一つ又一つ、五兵衛は夢中で走った。
　こうして、自分の田のすべての稲むらに火をつけてしまうと、松明を捨てた。まるで失神したように、彼はそこに突っ立ったまま、沖の方を眺めていた。日はすでに没して、あたりがだんだん薄暗くなってきた。稲むらの火は天をこがした。
　山寺では、この火を見て早鐘をつき出した。「火事だ。庄屋さんの家だ」と、村の若い者は、急いで山手へ駆け出した。続いて、老人も、女も、子供も、若者の後を追うように駆け出した。
　高台から見下ろしている五兵衛の目には、それが蟻の歩みのように、もどかしく思われた。やっと二十人程の若者が、かけ上がってきた。彼等は、すぐ火を消しにかかろうとする。五兵衛は大声で言った。
　「うっちゃっておけ。－大変だ。村中の人に来てもらうんだ」
　村中の人は、おいおい集まってきた。五兵衛は、後から後から上がってくる老幼男女を一人一人数えた。集まってきた人々は、もえている稲むらと五兵衛の顔とを、代わる代わる見比べた。その時、五兵衛は力いっぱいの声で叫んだ。
　「見ろ。やってきたぞ」
　たそがれの薄明かりをすかして、五兵衛の指差す方向を一同は見た。遠く海の端に、細い、暗い、一筋の線が見えた。その線は見る見る太くなった。広くなった。非常な速さで押し寄せてきた。
　「津波だ」と、誰かが叫んだ。海水が、絶壁のように目の前に迫ったかと思うと、山の

しかかって来たような重さと、百雷の一時に落ちたようなとどろきとをもって、陸にぶつかった。人々は、我を忘れて後ろへ飛びのいた。雲のように山手へ突進してきた水煙の外は何物も見えなかった。人々は、自分等の村の上を荒れ狂って通る白い恐ろしい海を見た。二度三度、村の上を海は進み又退いた。高台では、しばらく何の話し声もなかった。一同は波にえぐりとられてあとかたもなくなった村を、ただあきれて見下ろしていた。稲むらの火は、風にあおられて又もえ上がり、夕やみに包まれたあたりを明るくした。

　はじめて我にかえった村人は、この火によって救われたのだと気がつくと、無言のまま五兵衛の前にひざまづいてしまった。〔原文を一部改編〕

　この「稲むらの火」は湯浅町の南に位置する広村（現広川町）にあった実話をもとに書かれています。この物語に出てくる五兵衛のモデルになったのは濱口儀兵衛（梧陵）と呼ばれる人物です。濱口梧陵は1820（文政3）年に現在の千葉県銚子市で醤油醸造業（現在のヤマサ醤油）を営む濱口家の分家の長男として紀伊国広村に生まれ、34歳ごろに七代目儀兵衛を相続しました。安政南海地震が起こったとき、梧陵はたまたま広村におり、津波に遭遇しています。この津波は高さ8mにまで達したといわれ、広村では流失家屋125戸、死者36人を出しています。梧陵自身も津波に流されますが、一命を取り留めました。梧陵は流された人々に安全な場所を知らせるために稲わら（写真150）に火をつけましたが（写真151）、この時の様子が養源寺に保存されている「安政聞録」に描かれています（写真152）。この絵には集落に襲いかかる津波、広八幡神社（写真153、図56のC）へと避難する人々、燃え上がる稲わらが生々しく描かれています。

　「稲むらの火」は優れた防災の教材ですが、この物語のモデルになった梧陵がその後私財を投じて行った防災・被災者救済事業の方がより注目に値するように思います（表2）。このうち、最も代表される事業である広村堤防（梧陵堤）について見てみましょう。

　広村堤防は全長600m、高さ5mの津波よけの堤防です（写真154）。被災3ヵ月後の1855年3月に工事を開始し、1858年12月に計画の3分の2の完成をもって工事を終了しています。この工事には被災した村人が従事しており、被災者の失業対策としての役割も果たしていました。

　1946（昭和21）年の昭和南海地震の際、波高4mの津波

写真151　広村の防波堤
（2007年4月撮影）

写真152　養源寺蔵「安政聞録」
（稲むらの火の館のパンフレットより）

写真153　広八幡神社
（2007年4月撮影）

写真154　広村堤防
（2007年4月撮影）

が広の集落に押し寄せましたが、堤防内は一部の民家が浸水しただけでした。ただし、堤防外では22名の死者を出しました。

表2 濱口梧陵が災害復興のために投じた私費

項　目	金　額
漁船28隻とその漁具、米200俵	銀98貫
クワ・カマなどの農具	銀2貫500匁
家屋建築の援助金	銀3貫400匁
新築家屋50軒	銀約42貫
広橋の建設	銀約24貫
堤防建設費	銀94貫344匁
その他	銀約108貫

杉村広太郎「濱口梧陵小伝」より

　濱口梧陵はその後、紀州藩勘定奉行、明治政府の初代駅逓頭（郵政大臣）、和歌山県大参事官（長官）、初代和歌山県議会議長を歴任し、1884（明治17）年にニューヨークにて客死（66歳）しています。濱口梧陵の偉業とその徳をたたえるとともに、安政南海地震の大津波による犠牲者の霊をなぐさめるため、1903（明治36）年以降、毎年旧暦11月3日（2011年からは11月5日）に町民が防波堤にスコップで土を運ぶ津浪祭りが行われています。また、町民が松明を持って歩き、広八幡神社の稲わらに火をつける稲むら火祭りも行われています。

　2007年4月に広川町に「稲むらの火の館」が開館しました（図56のD）。濱口梧陵の資料を展示するとともに、防災教育の拠点として全国各地から人々が訪れています。なお、この「稲むらの火」の逸話がきっかけとなり、2015年に開催された第70回国連総会本会議で、11月5日が「世界津波の日」に制定されました。

「世界津波の日」制定を記念して発行された切手

【参考文献】
・木下英治（2013）：『津波救国』，講談社.
・杉村広太郎（2005）：『濱口梧陵小伝』，広川町文化財保護審議委員会・広川町教育委員会.
・和歌山県広川町（1998）：『稲むら燃ゆ－海嘯と闘った男・濱口梧陵の軌跡』，和歌山県広川町.
・http://www.town.hirogawa.wakayama.jp/inamuranohi/tunami.html

VI

学校における避難所運営と防災教育

Ⅵ−1 熊本地震の概要

　2016（平成28）年4月14日（木）午後9時26分、熊本地方を震央とするマグニチュード6.5の地震（前震）が発生し、益城町宮園では震度7を、熊本市およびその周辺町村では震度6弱を観測しました。さらに4月16日（土）午前1時25分、同じく熊本地方を震央とするマグニチュード7.3の地震（本震）が発生し、益城町宮園、西原村小森では震度7を、熊本県天草市から熊本市、阿蘇市、大分県別府市に至る地域で震度6を観測しました。これらの地震は日奈久と布田川の2つの断層の活動によるもので、地震の規模およびタイプとしては兵庫県南部地震（阪神・淡路大震災）とよく似ています。熊本県では4月14日（木）から12月17日（土）にかけて上記以外にも震度6の地震が5回、震度5が17回、震度4が116回発生しています。地震による犠牲者は関連死と豪雨による二次災害死を合わせて157人、負傷者は2,620人、建物被害は17万9,494戸に達しています（写真155）。

写真155　倒壊した益城町の住宅
（2016年11月撮影）

　熊本県では江戸時代以降、大規模な地震がなく、そのため熊本には地震がないという神話のようなものがありました。そのため、多くの住民は頻繁に発生する自然災害である台風や集中豪雨に対しては備えていても、地震に対しては無防備であったといえます。しかし、実際には戦後だけでも震度4以上を観測した地震が8回発生しており、この神話には何の根拠もありません。本章では、震災時の避難場所としての学校の役割、地域住民や児童・生徒への対応、避難場所としての学校の課題について見ていきます。

Ⅵ−2 データからみた避難場所としての学校

（1）熊本市における震災時の避難場所

　熊本市は避難場所を広域避難場所と指定緊急避難場所（一時避難場所）に分類し、前者を"地震などによる火災が延焼拡大して地域全体が危険になったときに避難する場所"、後者を"災害時危険を回避するために一時的に避難する場所"としています。

　広域避難場所は18ヵ所あり、熊本市の中でも繁華な地区に設定されています。施設としては、小中高校が8ヵ所、白川の河川敷が4ヵ所、大学が2ヵ所、公園が3ヵ所、そして熊本城が指定されています。18ヵ所のうち学校関係が10ヵ所を占めています。

　指定緊急避難場所は249ヵ所あり、そのうち学校が158ヵ所を占めています。これは全

避難場所の63.5%に当たります。特に中央区は避難場所の71.2%を、東区は68.9%を占めており、住宅や商店、オフィスなどが密集している地域ほど学校が避難所として利用される割合が高くなっています。学校に次いで公園が48ヵ所、庁舎が13ヵ所、河川敷が10ヵ所となっています。学校を施設別に見ると、運動場が157ヵ所、校舎が141ヵ所、体育館が122ヵ所となっています。

（2）熊本地震後の県内学校の対応

　ここでの学校とは熊本県内の公立小学校、公立中学校、公立高等学校、公立特別支援学校を指しています。私立学校、国立学校は含まれていません。なお、学校総数はカウントの仕方により異なっています。

■ 被害状況

　599校のうち、394校（全体の65.8%）が被害を受けています。主な被害は壁等の破損や剥離、天井の部材落下、エキスパンジョイントの損傷、水道管や給水管の破損・破裂、窓ガラスの破損、渡り廊下の倒壊、プール施設の損傷、地面隆起となっています。

■ 休校状況

　614校のうち、401校（全体の65.3%）が休校しています。なお、5月11日に全校が再開しています。

■ 避難所としての学校の利用状況

　596校のうち、223校（全体の37.4%）が避難所を開設しています。このうち指定避難所になっているのは207校であることから、16校は指定外ということになります。避難所には県立特別支援学校4校が含まれています。避難所となった学校のうち、校舎が使用できなかったのが4校、体育館が使用できなかったのが73校あります。最大避難者数は76,458人に達しましたが、8月18日には熊本県内の全ての公立学校の避難所が閉所されています。

Ⅵ−3 新聞報道からみた学校の対応

　本節では2016（平成28）年4月15日〜5月15日付けの熊本日々新聞から、避難所としての学校に関して紹介された記事を項目ごとにまとめていきます。なお、記事は原文通りではなく、一部要約しています。

（1）避難所や避難者の様子に関する情報

・益城町広安（ひろやす）小学校体育館前には余震が続くなか、数百人の住民が避難。体育館は古く、ライトなどが落ちて危険なため、外に敷かれたござなどの上で不安な一夜を明かした（4月15日朝刊）。

- 現在、千人を超える人が身を寄せる北区高平の高平台小学校。避難所の運営には保護者らでつくる「親路の会(おやじのかい)」が尽力。学校側と協議し、炊き出しや水の確保に奔走。地元住民らに米の提供を呼びかけ、おにぎりやおじやをふるまう。プールから水をくみ出し、トイレの排水に使う。「避難所の混乱を避けるためにきちんとした体制を作りたかった」と同会会長（4月18日朝刊）。
- 熊本市は龍田西小が（豪雨のため）危険な状態になったとして、約500人が身を寄せていた避難所を閉鎖。自衛隊などの協力で数キロ離れた龍田体育館などに再避難させた（4月22日朝刊）。
- 地震で屋根が損傷したことに気づかないまま、体育館を災害時の避難所に使う例が少なくないとして、「日本建設技術高度化機構」が、自治体などに注意を呼びかけ。学校の体育館は鉄骨置き屋根構造が多く、この構造の建物は、大地震では壁と天井の接合部が損傷しやすい（4月22日朝刊）。
- 住民が自主的に役割分担し、震災を乗り切ろうとする避難所がある。300人以上が身を寄せる西原村河原小学校では、本震直後から村職員がリーダーを務め、炊き出し班や配給班などを動かす。同校の2人の調理師が避難所の女性と協力して毎日300食を作る。住民に職業などを聞き、得意分野を把握。5人の看護師などを救護班に指名。元自衛隊員には支援物資の管理や食事の給仕を任せる（4月25日朝刊）。

（2）学校の休校情報

- 和水町(なごみまち)菊水中央小学校は文部科学省の耐震基準を満たしていないため、安全が確保できないとして、19日から22日まで休校に入った。町教委は校舎を当面使わず、臨時校舎となる町施設を早急に決め、25日に授業を再開する（4月20日朝刊）。
- 熊本市立の全139の小中高校は避難者を受け入れているため、5月9日まで休校。市教委は「ライフラインが復旧し、被災者全員が自宅に戻れるまでは、避難所として学校を使用する」と説明。「学校を再開させたいが、被災者の安全が優先」と苦渋の決断。避難者からは生徒には申し訳ないとの声。市教委施設課が緊急点検したところ、計24校の体育館で倒壊の危険を確認し、閉鎖した（4月22日朝刊）。
- 26日は公私立あわせて315校が休校を継続。公私立とも校舎や体育館などの施設を破損した学校が多数。避難所として被災住民を受け入れているケースも少なくなく、状況が好転しない限り、再開のめどが立たない学校もある（4月26日朝刊）。

（3）学校再開に向けての動き

- 熊本市は施設の安全確保や避難者のめどが付き次第、学校を再開する方針。残る避難者は空き教室などを活用し、避難所と学校の両立を目指す（4月26日朝刊）。
- 熊本市は市立の幼稚園や小中高校など全学校施設163ヵ所、1,267棟の「応急危険度判定」結果を公表した。校舎や体育館など134棟が「危険」判定。臨時休校中の学校の多くは5月10日の再開を目指すが、一部で授業や給食、部活動などが遅れる恐れも出ている（4月

27日朝刊)。
- 熊本市の小学校で、教師による児童宅への家庭訪問が始まっている。子どもたちの健康状態や被災状況を把握するため、通学路の危険箇所の情報も収集し、学校再開への準備を進める。その後の職員会議で家屋損壊や道路陥没などの情報を報告し合い、職員室に張った地図に付箋でしるしを付けている(4月28日朝刊)。
- 益城町は全小中学校を5月9日午後に再開する方針を明らかにした。教室の避難者計550人に町総合体育館に移ってもらう考え。当面体育館の避難者は対象としない。避難者への周知はこれからで、町は「強制ではなく、あくまでお願いする立場」としている。教育長は「再開後1週間は、個人面談などで生徒の心のケアに重点を置く。授業はその後と考えている。」と説明(4月28日朝刊)。
- 熊本市は約1万1千人が身を寄せている小中学校など208ヵ所の避難所を段階的に集約する方針を明らかにした。集約化によって、授業再開時の教室を確保するほか、環境の整った別の避難所に移ってもらう(4月29日朝刊)。

(4) 学校再開と問題点

- 熊本市内の13小学校と10中学校が2日、学校を再開した。18日ぶりに活気が戻った学びやには、今も避難者が身を寄せているところも。避難所と「共存」しながらの学校生活が始まる(5月3日朝刊)。
- 益城町の広安小。現在も一部の教室と校内の体育館に約150人が身を寄せる。体育館は授業で使えない。グラウンドの3分の1は駐車場として開放し続けるが、体育の授業にも使う意向を学校は持っている(5月10日朝刊)。
- 学校は再開したものの、長期休校を余儀なくされた学校では、授業時間数の確保や学校行事への影響が懸念される。避難所を置いたままの学校もあり、教育活動との両立にも課題が残る(5月11日朝刊)。
- 県内の公立校は10日、全て再開したが、校舎など施設の被災が深刻な学校もあり、生徒は大幅に制約された環境での授業、部活動を強いられそうだ(5月11日朝刊)。

(5) 学校再開後の児童・生徒への心のケア

- 熊本地震による休校明けの学校で、子どもの心のケアが求められている。「大きな音に驚く」「夜眠れない」など既にストレスの影響が表れ、地震の恐怖を抱えたままの子どもは多い。県教委は専門知識を持ったスクールカウンセラーを緊急派遣し、継続的な支援を目指している(5月12日朝刊)。
- 熊本市教育委員会は、熊本地震による児童生徒の心のケアにあたるため、市内の全42中学校にカウンセラーを配置した。校区内の小学校の巡回し、子どもたちが抱える不安や悩みの相談に応じる(5月14日朝刊)。

上記の新聞記事を時系列的に見ていくと、地震直後は避難所としての学校の様子が紹介さ

れていますが、そこには学校の被害状況とともに保護者を含めた避難民と学校・役場との協力関係などが記載されています。その他、校舎や体育館などの安全性に関する記事も見られます。地震の1週間後からは学校の休校情報ならびに再開に向けての動きが、学校再開直後は避難者との共存や授業時間数・学校行事の確保など学校の抱える諸問題が紹介されています。そして学校再開の1週間後からは児童生徒の心のケアについての記事が見られるようになります。

Ⅵ-4 学校における避難所運営の事例

（1）事例地域の概要

本節で避難所運営の事例とする春竹小学校は熊本市中央区に位置する公立の小学校で、2016年度現在の児童数は530人です。普通学級は18、特別支援学級は4となっています。開校は1873（明治6）年で、県内有数の歴史ある学校でもあります。校区は南熊本駅を中心に半径約1kmに及んでいますが、学校は校区のやや北に位置しています（図57）。校区は熊本市の中心商業地に隣接し、校区内を国道266号線や白山通りなどの幹線道路が貫いています。これら幹線道路沿いには商業施設が多く見られますが、校区内の大部分は住宅地となっています。2016年11月現在の校区内の人口数は14,778、世帯数は7,800です。人

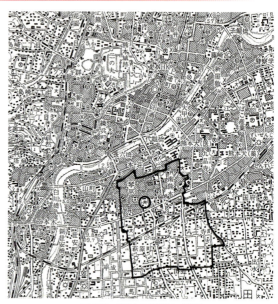

図57　春竹小学校と校区
（5万分の1地形図「熊本」平成6年修正）（×0.87）
注：図中の○で囲まれた文は春竹小学校、実線は校区の範囲を示す。

口に関しては過去10年間で315人増であり、あまり変化は見られません。65歳以上の老年人口率は24.4％で、熊本市全域の24.6％とほぼ同じですが、14歳以下の年少人口率は10.0％（熊本市は14.2％）であり、子どもが少ないのがこの地区の特徴といえます。今後、高齢化が一気に加速する地区であるといえます。

春竹小学校の位置する熊本市中央区では、4月14日の前震では震度5強、16日の本震では震度6強を観測しています。しかし、校区内の建物の被害はそれほど目立ちません。

(2) 春竹小学校の避難所運営

　ここでは熊本市立春竹小学校校長（当時）の嶋﨑昭宏氏への聞き取りをもとに、熊本地震時の学校の避難所運営の様子、問題点ならびに嶋﨑昭宏氏からの提案を紹介します。なお、聞き取りは2016（平成28）年11月7日（月）に実施しました。

○地震直後の状況

・4月14日（木）

　夜の9時26分に地震が発生した。12時前に市から避難所を開設してくれという指示があったが、避難所開設指示の前に地域の方はどんどん避難して来られた。地震が発生した時にまだ学校に残っていた教頭から連絡があって、「次から次へと人が来ています」と言うので、「じゃあ、すぐに体育館を開けて、どんどん受け入れてくれ」という指示を出した。

・4月15日（金）

　熊本市の幼稚園、小学校、中学校は全部休校になった。朝から出勤できる職員が出勤してきて、大体全部復旧した。その段階では、月曜日からは学校が再開できるだろうと見込んでいた。体育館の中には避難してきた人がまだ沢山おられたが、学校職員はまず子どもたちの安否確認をするとともに学校の片付けをして、月曜日からの教育活動に備えていた。午後11時頃に、避難所の方には自治協議会長さんが残っておられて、「先生、もういいですから。」と言われたので一旦帰った。

・4月16日（土）

　本震の後、地域の人はどんどん増えていった。入れなくなって、運動場も開けた。それでも足りないので校舎の1階を開放した。運動場では車で来てその中で人が寝ていた。避難している人は1,000人を超えていたと思う。

○校舎の被害状況

　建物自体の被害は、渡り廊下の所の継ぎ目が全部やられた（写真156）。また、渡り廊下の観音開きの扉は一方向にしか開かなくなった。これは校舎側と渡り廊下側で段差が出来たためだった。今は応急処置をして、完全復旧ではないが通れるようにはしてある。さらに、音楽室では、天井に設置してあるエアコンの上の取り付け部分が激しく揺れたことによってボードにくっきり丸く穴が空いている。しかし、体育館は大きな損傷がなかったため避難所として使えた。

写真156　春竹小学校の渡り廊下
（2016年11月撮影）

○避難所の運営

・消防団による水の確保

　トイレや水道は、貯水タンクの中に水が溜まっている間は使えた。しかし、貯水タンクの水がなくなった段階で断水した。そこで、消防団が消防ポンプでプールの水を吸い上げ、その水を中庭に大きなタンクを置いてためた。そして、タンクの水をトイレまでバケツでどんどん運んで行き、トイレを利用する人が自分でバケツを持ってトイレに入って流すという形

でやった。本校区は、お年寄りが多い地域のため、消防団の方の水揚げはとても助かった。さらにガスも使えなかったので、炊き出しは消防団の方が運動場の端に竈を作って行われた。消防団は最初の1週間ぐらいはずっとこの避難所にいたり、あと地域の中にも自主避難所がいくつかできたので、そちらに行って避難物資のやりとりをしたりしていた。

・避難所の運営組織

　本校区は自治協議会の会長さんをトップに自治会、民生委員児童委員さん、それから消防団の3団体が避難所運営の中心になった。学校職員による避難所運営は交代制とし泊まりもさせたが、それ以外の職員は子どもたちや校区・通学路等の確認に行ったり、学校再開に向けての準備をしたりした。地域によっては自治会が機能せずに、校長を隊長にして職員が出入り口の交通整理から、炊き出し、掃除まで何から何までしたそうだ。やはり、日頃から地域との連携をとっておくことがとても大事だと改めて実感した。

○避難所の運営上の問題

・避難所を誰が開けるか

　今回、避難所を開設する時にたまたま教頭がいたが、管理職の居住地と勤務校が離れていてすぐには行けないことも想定される。そこで、校長会では市教委に対し、いざという時には地域の方に学校を開けるようお願いした。毎日体育館が夜間開放されており、その管理人の方に、市からお願いをするということで話がついたようだ。

・体育館の場所割りと備品の使用

　場所割りは、来た人順みたいな感じになった。体育館の横にマットが重ねてあったが、奪い合いになったようだ。

・ペット問題

　「ペットは体育館から出してくれ」との声があり、自治会の方はずいぶん矢面に立って交渉された。その結果、体育館の中にはペットはいなくなったが、体育館の外の犬走りにはペットが結構いた。

・様々な人たちへの配慮

　最初、女性への配慮に気づかなかった。途中から、体育館のステージの横の控え室に貼り紙をして、「ここは女性の更衣室、授乳室にいたします」とした。熊本市全体では障害をおもちの方とか体が不自由な方の避難所をどうするかというのが課題になった。また、発達障害の子どもたちで、ああいうスペースには居づらい子もいる。そういう家庭はやむを得ず避難所を出て壊れかけの家に帰ったという話も聞いている。

・避難所の閉鎖

　避難所は4月14日の夜から5月8日の朝までで、学校が再開したのは5月10日だった。遅い学校は夏休みまでという所もあった。避難所を縮小および閉所する時は気を使った。本校では市役所の人と自治協議会長さんが、避難所の閉鎖や学校の再開について丁寧に説明した。そのおかげで、子どもたちのためにということで移動されたり帰られたりした。しかし、トラブルになった所もあると聞く。

・ボランティアとの協働

　避難所運営には政令市から2人ずつ継続的に来て下さった。本校には最初、北九州市教育委員会から2人来て下さったが、そのうちお1人は東日本に行った経験があり、すごいノウハウをおもちだった。今まで自治協議会長さんが全部一人でしておられたのが、少し筋道が見えた。それで自治協議会長さんが元気づかれた。

　通常のボランティアの方は、本校の避難所運営には入らなかった。ただ、ゴールデンウィークの前後からいっぱい来られて、地域の社会福祉協議会の方々がお世話しながら、それぞれ校区の被災されたお家に行って片付けのお手伝いとかしていただいた。もう一つありがたかったのが、避難しておられる方が、SNSを見ておられて、「私たちが住んでいる山鹿市は被災状況がそんなにひどくないから、何かお手伝いがしたいです。」というメッセージをキャッチされ、自治協議会長さんに「こんなのがあるから利用しませんか。」と言われたことだ。それで自治協議会長さんがコンタクトを取られた。そうしたら毎日炊き出しでおにぎりとか、漬け物とか持って来てくれた。山鹿市の子育て中のお母さんがまず呼びかけをされて、それに地域の婦人会とか自治会が一緒になって地域の公民館で作られたそうだ。後で、このことをどうしても子どもたちに伝えたくて、私自身が6年生に道徳の授業をした。県内でもそういう助け合いがあった。それはすごく有り難かった。

・避難所内の自助組織による役割分担

　自助組織に関して、例えば、掃除班、食事班、連絡班とかは、本校はあんまりうまく機能しなかった。実際には、先ほどの団体の人たちがトップになった。炊き出しのご飯作りには何人かは来てくれたが、その方がずっと後までされるという感じではなかった。

・備蓄品の整備

　熊本市は防災倉庫もあり、中にアルファ米が入れてあった。でも、結局防災倉庫はあります、備蓄物資もあります、という形は整えてあったが、実際には全然足りる状況ではなかった。なかなか食料は来なくて、食事は最初1回、そのうち朝晩になった。そのうちようやく3回になった。

　今後の備えとして市からの指示で水だけはということで、地震が終わった後の6、7月頃に500人避難して2日分の必要な水の量を市が計算し、体育館と備蓄倉庫に保管している。一定量の食料も入っているが、食料は足りる量ではない。今学校現場で困っているのはその保管場所だ。本校は体育館の控室に入れているが、学校によっては特別教室の一部を使って入れてある所もあるから、置く場所として防災倉庫をもう一つ作って、と言っている。

○避難訓練のあり方

　本校も避難訓練は年に6回ぐらい計画が入っている。火災、水防、不審者対応とやる。だが、この避難訓練でやっていることが本当に使えたかというと、使えていない。今回は、たまたま2回とも夜中だったから家に子どもたちがいたが、東日本の時のように学校にいたとしたならば、お迎えに来てもらう必要もあった。しかし、学校の回りは道路が狭く、車でお迎えに来てもらったら収集がつかない。だから前提として、いざという時のお迎えは徒歩で来てくださいと言うしかない。お迎えに来る人だけでなく、地域の人も避難して来る。しか

もみんなパニックになっている。とてもじゃないが回らない。徒歩で来てくれという引き渡し訓練は早急にしなくてはいけない。

熊本は災害の想定としては台風と大雨しかなかった。その避難訓練は地域の子供会の役員さんにお迎えに来てもらって、集団で帰るという形で毎年やっていた。しかし、地震による集団下校や引き渡しの想定はしていなかった。地震避難訓練はあったが、「地震が発生しました。机の下に潜りましょう」「揺れが収まりましたので運動場に出ましょう。出る時には頭を守りましょう」という想定だけでは全然足りない。もちろん訓練する時には、登下校にも地震があるかもしれないから、地震が来た時には塀から離れましょうとか、大きな建物から離れましょうというのは常に指導していたが、そこまでだった。

今、学校現場で言っているのは、学校が避難場所になるぐらいなのだから、まず学校に子どもを留め置こう。親に来てもらってそのまま学校に残られるか、お家に連れて帰るかは親の判断だが、一旦大きな地震が来たら学校に留め置くしかない。

今までは、学校には先生と子どもだけしかいないという想定だった。しかし、実際に災害が起きたら地域の人も避難して来る。子どもに対応する職員と、地域から避難して来られる方に対応する職員の2班に分ける必要がある。

○学校安全安心メール

4月14日の地震は入学式の2日後だった。2年生以上は基本的に学校安全安心メールで休校情報を流せたが、まだメール加入していなかった1年生には流せなかった。校長会でそのことが話題になり、2月ぐらいに実施する新入生保護者説明会でメール加入してもらおうじゃないか、ということになった。災害は入学式当日に起きるかもしれない。入学してからメール加入では遅い。

今回、1年の担任たちは大変だった。学校には限られた数の回線がしかないから、全部担任が携帯で安否確認や連絡をやっていた。連絡先はもらっているが、連絡網にはなっていなかった。

○地域との連携の大切さ

日頃からの地域との連携はとても大事である。本校はこれまでも、結構職員が夏祭りといった地域行事等に出てくれていた。地震の後、今年は6年生が新たにその夏祭りで出し物を披露した。子どもたちも地域とのつながりや絆の大切さを再認識したのか、自治協議会長さんに「私たち地域の皆さんに元気あげたいから、ダンスさせてください。」とお願いしたら、自治協議会長さんはとても喜ばれて応えてくださった。

○防災教育のあり方

今回、地震を体験して、防災教育の見直しがとても大事だと強く思った。先日、指定都市小学校長会の研修会に行った時に、進んでいると思ったのが神戸市の実践だった。神戸市では防災教育に使う副読本が123年生、456年生、中学生と3分冊で作ってある。それは、特別活動だったり道徳だったり総合的な学習の時間だったり、いろんな教科・領域で使えるように作ってある。こういうところにヒントがあるかもしれない。子どもたちが自分の命は自分で守るんだという意識を高めていかないと駄目。災害は常に学校で起きるとは限らないから。

> **作業** 学校における避難所運営の問題点、留意点をまとめてみましょう。次に、学校としての避難所運営のあり方や日常の教育活動としての避難訓練および防災教育のあり方について話し合ってみましょう。

【参考文献】

・内山隆、酒井多加志（2017）：学校における避難所運営と防災教育－熊本地震を事例として－，ESD・環境教育研究19-1.
・熊原康博ほか（2016）：特集 熊本地震，地理，61-10.
・熊本市教育委員会（2016）：避難所となった学校における施設面の課題等について．
・熊本日々新聞社（2016）：『熊本日々新聞特別縮刷版 平成28年熊本地震1カ月の記録 2016年4月15日～5月15日』，熊日出版．
・http://www.jma.go.jp/jma/menu/h28_kumamoto_jishin_menu.html
・https://www.city.kumamoto.jp/loc/pub/default.aspx?c_id=15

VII

防災まち歩き

最後に防災教育のまとめとして、まち歩きを行いましょう。行うにあたっての要点を以下にまとめました。

（1）防災マップを見よう

自分たちの住む市町村の防災マップを入手しましょう。防災マップは市町村役場で入手できますので、防災を担当する部署に問い合わせてみましょう。

防災マップが入手できたら次の点をチェックしましょう。
（1）防災マップにはどのような情報が書かれているでしょうか。
（2）あなたが住む街はどのような自然災害の危険があるでしょうか。
（3）あなたの住む家や学校は安全な場所にあるでしょうか。

防災マップが作成されていない市町村もあります。その場合は縮尺が2500分の1あるいは5000分の1の国土基本図を市町村役場あるいは日本地図センターで購入するか、住宅地図を準備してください。

それでは実際にまち歩きに出かけましょう。必要なものは防災マップ、住宅地図あるいは市街地図、2万5千分の1地形図、バインダー、カメラ、筆記用具です。今回は津波・地震をテーマにまち歩きを行います。事例として釧路川河口の市街地を取り上げます。

2万5千分の1地形図「釧路」平成20年更新（×0.92）

（2）危険なものをチェックしよう

　津波は木材や鉄板、自動車、漁船、家具など何でも巻き込みますが、これらは凶器となって私たちに襲いかかってきます。まち歩きをしながら、津波が巻き込みそうな危険物はないかチェックしましょう。以下の写真は釧路川河口部で撮影した危険物です。

岸壁背後に置かれた魚網・ロープ

岸壁に置かれた魚網・魚箱とゴミ？

河口部に停泊した漁船

河畔の駐車場に停められた自動車

　釧路市では津波による漂流物を食い止める設備である津波スクリーンが2007年5月に釧路川河口部左岸の岸壁背後に設置されました。日本で最初に設置された津波スクリーンです。

津波スクリーン

津波スクリーン

　地震の揺れに対する備えは大丈夫でしょうか？まち歩きをしながら、地震が起きたら危険だな、と思われるものをチェックしましょう。

自動販売機
（地面に固定されていません。）

1階が駐車場の建物
（耐震性に問題があります。）

窓の外に置かれた植木鉢
(地震の際、落下する恐れがあります。)

電線に覆い被さる街路樹
(地震の際、断線する恐れがあります。)

(3) 避難場所、避難ルートをチェックしよう

釧路市津波防災マップ

　上図は釧路市の津波防災マップです。どのような施設が緊急避難場所、津波緊急避難施設、津波避難ビルとして利用されているでしょうか？

○避難場所（緊急避難場所、津波緊急避難施設、津波避難ビル）

　避難場所はどのようなところでしょうか？安全な場所にあるでしょうか？実際に行ってみましょう。

緊急避難場所
(北海道教育大学釧路校)

津波避難ビル
(釧路シーサイドビル(4階以上))

津波緊急避難施設
（複合商業・観光施設（4階以上））

緊急避難場所内に置かれた災害時対応
自動販売機（生涯学習センター内）

○避難場所への道

避難場所への道に危険はないでしょうか？避難場所への表示板はきちんと整備されているでしょうか？実際に歩いてチェックしましょう。

災害避難場所への案内板と凍結した坂道

避難ルート上にある急傾斜地崩落危険地域

危険水位を示した地下道

（4）聞き取りをしよう

■地元住民の方に聞いてみましょう。
　　避難場所はどこか知っていますか？避難場所に行ったことはありますか？
　　家では津波や地震に対してどのような対策をとっていますか？
　　過去にどのような自然災害に遭いましたか？

■避難場所となっている施設の方に聞いてみましょう。
　　災害時の対応はどのようになっていますか？
　　避難場所には何が準備されていますか？
　　過去に避難場所として使われたことはありますか？

（5）防災マップを考えよう

東日本大震災では防災マップで津波の危険のないとされていた場所にも津波が襲来し、多くの人命が失われました。避難場所や家、学校が本当に安全な場所にあるのか、まち歩きや地形図、防災マップ等をもとに話し合ってみましょう。

（6）自然災害に強い街とは？

　まち歩きと聞き取りを通して、あなたが調査した街では自然災害に対してどのような対策がとられているのか、どのような問題点があるのか、自然災害に強い街とは何か、について話し合いましょう。そして話し合った結果を防災ポスターにまとめ、発表しましょう。

防災ポスターの作成

発表の様子

防災ポスター（1）

防災ポスター（2）

あ と が き

　北海道教育大学釧路校に着任した翌年の1993（平成5）年1月15日（金）午後8時6分、震度6の地震（釧路沖地震）が釧路を襲いました。自宅で夕食を終え、テレビを見ていた私は、揺れに対して目の前にあったテレビが倒れないよう支えることしかできませんでした。幸い自宅には大きな被害がなかったため、懐中電灯を持って歩いて5分ほどのところにある勤務先の大学に向かいました。釧路の街は壊滅状態じゃないかと思っておりましたが、意外にも途中の家屋等には特に大きな被害は見受けられませんでした。釧路の家屋の屋根に瓦が用いられていないことが幸いしたのかもしれません。大学の校舎は倒壊していなかったものの、廊下や教室の壁には無数の亀裂が入るとともに、内壁の一部は崩れ落ち、天井板は床に落ち、窓は割れ、渡り廊下の床には大きな亀裂が入り、亀裂からは下の階を見下ろすことができました。研究室の扉は開かず、そのため扉の上の窓から中に入り込みました。研究室内の本箱やマップケースは倒れ、床は本や雑誌が山積み状態になっていました。とりあえず扉を塞いでいた本箱を取り除き、研究室を後にしました。翌日は大学入試センター試験の試験日だったこともあり、教職員が次々と大学に集まり、被害の大きかった教室から被害の少なかった体育館へと机や椅子を移動させました。このような状態でセンター試験ができたのは奇跡とも言えます。その後、危険な校舎は建て替えられたり、耐震補強工事がなされたりして、見違えるような立派な校舎になりました。今では日本有数の地震に強い校舎と言えるかもしれません。翌日のニュースで港湾や丘陵地の住宅地といった海や谷を埋め立てたところで、大きな被害が出ていることを知りました。

　その後、立て続けに大きな地震が日本列島を襲いました。釧路沖地震と同じ年の7月12日（月）に北海道南西沖地震が、翌年の10月4日（火）には北海道東方沖地震が起き、前者では奥尻島や渡島半島の日本海側の集落に多くの死傷者を出しました。特に奥尻島青苗地区の集落の消滅ともいうべき映像には衝撃を受けました。そして1995（平成7）年1月17日（火）には阪神・淡路大震災が起きました。当時、私は津波防災に関する調査のために岩手県の志津川（現南三陸）町を訪れていました。志津川町役場の職員の方と、テレビで被災した神戸の映像を見ておりましたが、その時16年後の南三陸町のことを誰が予想していたでしょう。

　このような経験から一般教養科目の「地理学」の講義の中に**"自然災害・防災を読図する"**という項目を設けました。そこには、教員を目指す学生達に自然災害や防災について理解してもらいたい、またそこで学んだことを子どもたちにも伝えてもらいたい、という想いがありました。ちょうどその頃、旭川でDIGが行われるので、行ってみないかという誘いがありました。DIGは初めて聞く言葉でしたが、地図を使って自然災害について考えるゲームのようなものだと聞き、とりあえず参加してみることにしました。そこでDIGの指導をされていたのが、当時北海道教育大学函館校におられた佐々木貴子先生でした。このことが一つのきっかけとなり、2005年度に北海道教育

大学において札幌校と釧路校の教員が中心となり、全学連携科目「子ども・地域と防災（防犯）教育」を開講することになりました。本講義は大学の双方向遠隔授業システムを使って、札幌校と釧路校と旭川校を結んで開講しています。本学の5人の教員および気象台や消防署、国土地理院等の方を外部講師に招き、オムニバス形式で授業を進め、最後に防災まち歩きを行っています。本講義は北海道教育大学の「子ども・地域と防災（防犯）教育プロジェクト」の一環として実施しておりますが、本プロジェクトは2008年に第12回防災まちづくり大賞において消防庁長官賞（一般部門）を受賞しています。参考資料として、2018（平成30）年度前期の本講義のシラバスを示します。

　さらに2009年からは教員免許状更新講習において「**自然災害と防災（減災）を読図する**」と題した講習を行うことになりました。定員60人のところ、初年度は受講生が1人だけで、開講自体危ぶまれました。それが東日本大震災をきっかけに受講生が一気に増え、震災以降は毎年ほぼ定員を満たしています。これはひとえに現場の先生方が自然災害および防災に対する関心が高まったこと、にもかかわらず自然災害や防災を学ぶ場がないこと、が原因だと思います。

　本書はこれまでの大学での講義や教員免許状更新講習、市町村役場や消防大学校等での講演をもとに、これまでに調査したものをまとめたものです。本書で事例にした地域はすべて現地調査を実施しており、使用した写真は断りのない限り現地で撮影したものです。「地理学者は外に出ると元気になる」という言葉通り、地理学にとって現地調査は基本であり、地図は現地調査する上での最大の武器になります。読者の方も地図の読図を学んだ上で、地図を片手にぜひとも防災まち歩きを行っていただければと思います。防災まち歩きを行うことにより、日常では見えなかった身近な地域の様々な問題に気づくことができます。さらには、災害時に適切に判断し、行動する態度も養われることでしょう。防災まち歩きは小中高等学校などの教育現場や町内会、あるいは有志が集まることによっても可能でしょう。本書はそのお手伝いになればと思っております。なお、原稿を書き終えてから、「釧路」をはじめとするいくつかの2万5千分の1地形図が平成25年式図式で刊行されました。そのため、本書は平成25年式図式で刊行された地形図に対応しておりません。改訂版が出される際には対応したいと考えております。また、第Ⅵ章は地図の読図ではありませんが、学校現場からの希望もあり、章に加えました。本章は内山隆教授との共著論文を基にしています。

　本書出版に至るまでには紆余曲折ありました。特に近代消防社の三井栄志社長にはいろいろご迷惑をおかけしました。また、本書を執筆するに当たり、多くの方のお世話になりました。旧大槌町立赤浜小学校の元副校長の岩切博文先生には東日本大震災の貴重な写真を提供していただきました。北海道教育大学釧路校の卒業生で、現岩手県住田町立世田米中学校教諭の細川遼太先生には現地調査に際し、いろいろご足労おかけしました。熊本市立春竹小学校の嶋﨑昭宏校長先生（当時）には熊本地震の聞き取りに際し、ご協力をいただきました。そして、本書出版のきっかけとなりました北海道教育大学札幌校の佐々木貴子先生には公私にわたりいろいろお世話になりました。記して感謝申し上げます。

　　　2019（令和元）年6月　　　　　　　　　　　　　　　　　　　　　　　　　　　　著　者

【参考資料】

講義名：子ども・地域と防災教育 (2018 (平成30) 年度前期)

授業内容

本授業は学校現場において防災教育を指導できる教員を育成することを目的としています。授業では児童・生徒に自然災害や防災について指導するために必要な基礎的なことがらを講義とワークショップで学びます。

授業の目標

災害が発生すると、子どもたちが命を落とす痛ましい出来事が繰り返されています。それは、防災という視点が薄く、自分の命は自分で守るという基本的な意識やそれに関する知識も十分に教えられていなかったことに起因しています。

子どもたちに命の大切さ、人と人とのつながり、絆の必要性を教え、子ども自身はもとより、家族、そして地域の人々の生命や生活を守るために必要な能力や態度を育成することが、これまで以上に求められています。

さらに、学校は災害時には地域住民の避難先となります。もちろん日々の指導の中で子どもに命の大切さを教えると共に、子どもの命を守る役割も担っています。したがって、子どもの命を守り、地域の安心・安全確保へのまなざしは教師として常に持ち続けなくてはなりません。

以上から、本授業は特に教員を志望する学生を対象に、教師として持つべき自然災害と防災の基礎的な知識を得ることを第一の目標とします。そして、「備えあれば憂いなし」といわれるように、日ごろの防災に向けた実践力を身に付けることを目指します。なお、本授業はESD（持続可能な社会に向けた教育）でもあります。

到達目標

①教員として、防災へのまなざしを持つことの重要性を理解し、自分の言葉で表現できる。
②災害の種類、地形と災害との関係、災害への対応を知り、簡単な説明ができる。
③災害時における学校の役割と教員のあり方を理解する。
④各教科における災害・防災の取り扱いについて理解する。
⑤防災の視点から街並みや地域の営みを知り、検証する活動方法を理解し、自ら実践できるようになる。

授業計画

授業はAパート「災害を知り、防災と教育を理解する」、Bパート「フィールドワーク（防災まち歩き）」の二部構成です。講義（教室での受講）と体験学習（演習）の組み合わせで行います。

- Aパート「災害を知り、防災と教育を理解する」：(1～10回)

教師として防災へのまなざしを持つことの重要性を理解します。災害の種類や災害の実態、被災体験談などから、災害や災害時に子どもたちがおかれる環境を学び、地図を読み解く講義と演習をとおして、地形と災害との関係、災害を防ぎ被害を少なくするための工夫や施設、情報のあり方などを知り、考えます。

さらに、災害時における学校の役割と教員のあり方を知り、各教科における災害・防災の取り扱い方について学びます。

- Bパート「フィールドワーク（防災まち歩き）」：(11～15回)

フィールドワークとして防災の視点からのまち歩きを体験し、講義を振り返ります。そこでは、それぞれの講義を通して学習した内容を関連付け、防災マップを作成します。さらに、双方向遠隔授業システムを用いた、キャンパス間を結んだふりかえりの授業によって、防災の視点による街並みや地域の営みへのまなざしを獲得し、体験的な学びによって、理解を促進し、実践力を身につけます。

授業の進み方

1．ガイダンス【①、③】
　授業のあらまし、成績評価や講師の紹介、受講人数制限について、防災教育の意義、教員を目指す学生として持つべき視点など

2．日本の国土と災害【②、④】
　日本の国土がおかれている自然環境、自然災害の種類とその原因について

3．災害と地域や子どもたち【②、③】
　水害や火山災害を事例とした被災の状況や復興、防災事業などについて

4．原子力・放射線について子どもに伝える防災教育【②、③】
　原子力発電の仕組みや放射線、および学校での取り扱いについて

5．学校における避難所運営について【①、③】
　災害時の学校の役割について考える－熊本地震を事例として－

6．地図を読み解く(1)【②、④、⑤】
　地図から理解する自然災害と防災

7．地図を読み解く(2)【②、④、⑤】
　津波災害と防災を読図する－東日本大震災を事例として－

8．防災教育と社会科【④】
　社会科と防災教育。学習指導要領、教科書での防災や災害の扱いなどについて

9．防災教育と理科【④】
　理科と防災教育。学習指導要領、教科書での防災や災害の扱いなどについて

10. 防災教育と家庭科【④】
　自助・共助と防災、家庭科と防災教育。学習指導要領、教科書での防災や災害の扱いなどについて

11. フィールドワーク事前指導【①、⑤】
　キャンパスごとに実施する。フィールドワーク参加者による地図づくりなど。事前指導に出席しないとフィールドワークに参加できません。

12〜14. フィールドワーク【①、⑤】
　　　　　　フィールドワークA日程・釧路校　9：00〜14：30
　　　　　　フィールドワークA日程・札幌校　9：00〜14：30
　　　　　　フィールドワークB日程・旭川校　9：00〜14：30
　受講者は、A日程、B日程のいずれかを選び、どの日程で参加するかを事前指導までに決定してください。
　フィールドワークの実施要項は別途配布します。フィールドワークの内容は、防災の視点による街点検と防災マップの作成です。

15. フィールドワークのまとめとふりかえり【①、⑤】
　フィールドワークでの学びをふり返ります。札幌会場、釧路会場、旭川会場それぞれの学びを発表しあい共有します。

※【　】内の○囲み数字は、到達目標の○囲み数字によって示された到達目標項目に対応します。

成績評価
- 到達目標①〜⑤すべてで一定の成果を求めます。
- 到達目標②〜④については、各講義後に出題される課題により評価を行います（40%）
- 到達目標①および⑤については、フィールドワーク終了後の発表（30%）と、まとめのふりかえり終了後の総括レポート（30%）により評価を行います。
- 欠席は、実習、就職活動、伝染性の疾患などやむを得ない場合を除き認めません。欠席がある場合、該当する目標の評価は行われません。フィールドワークは、グループワークで行うために、欠席した場合代替措置がとれません。そのため、欠席した場合、成績評価の対象外となります。

テキスト
　授業ではプリントを配布します。量が多くなるのでファイルを用意し、毎回とじてください。また、担当教員によって授業中に使用するテキストならびに用具などの指示があります。忘れずに対応をしてください。

参考文献
　講義ガイダンス時に示します。

地名索引

あ
- アウグスタ通り 39
- 明石市 63
- 赤浜小学校 36
- 安治川 5, 25, 76
- 安治川水門 5
- 我孫子市 8
- 油島千本松締切堤 71
- アフリカプレート 38
- 荒川 4
- 有明海 74
- アルファマ地区 40
- 安中三角地帯 55
- 安八町 16

い
- 石神神社 47
- 市岡地区 26
- 揖斐川 16, 71

う
- 有珠山 8, 48
- 浦安市 7
- 雲仙岳 9, 51

え
- 江の口川 80

お
- 大阪市港区 24, 25
- 大槌川 34
- 大槌小学校 35
- 大槌町 34
- 大槌湾 34
- 大野木場小学校 52

か
- 鏡川 80
- 釜石市本郷 5, 31
- 釜無川 68
- 亀田川 60
- カルモ教会 38
- 神崎川 3
- 寛政池 63
- 神田川 82

き
- 木曽川 16, 71
- 木曽三川 71
- 木津川水門 25
- 岐阜県海津市 72
- 旧淀川（大川） 25
- 銀座火防線 60

く
- 崩山町 75
- 釧路川 106
- 釧路段丘 7
- 釧路町入境学 45
- 熊本市 94
- 呉市 82

け
- 毛馬 77
- 剣淵町 57

こ
- 神田川 81
- 高知市 80
- 河中山城 80
- 江東区 21
- 神戸市 40
- 高龍寺 59
- 小貝川 19
- 狛江市 2
- 根釧台地 56
- 金比羅火口災害遺構散策路 51
- 金比羅山 49

さ
- 桜島 9
- 三社神社 70
- 三陸海岸 28
- サン・ロケ教会 38

し
地獄跡火口 52
静岡市清水区由比町 45
島原 74
島原半島 51
下田 86
積丹町沼前 46
常運寺 29
庄内掘割 63
昭和新山 49
白土湖 75
尻無川水門 25
真宗大谷派函館別院 59
新宿区早稲田 81
深専寺 87
新淀川 77

す
洲崎神社 21
墨俣町 17
墨田区向島 43

せ
瀬戸川 63
船頭平閘門 73
千本木地区 52
千本松原 72

た
大黒寺 72
多摩川 2
垂水区多聞台 42
田老川 30
田代川水門 30

ち
治水神社 72
秩父が浦公園 75

つ
九十九島 74
九十九島火口 52

て
テージョ川 38
天保山 76
天保山運河 25

と
稲田寺 86
洞爺湖温泉 48
土石流被災家屋保存公園 52
利根川 8
豊浜トンネル 6

な
中標津町 55
中村川 18
長良川 4, 16, 71
灘区 41
波除山 76
南海トラフ 86

に
西原村 94
西山山麓 49
西山山麓火口 8
仁田団地 55
日本海溝 28

の
濃尾平野 71

は
バイシャ地区 38
バイロ・アルト 38
母子島遊水地 19
函館 59
播州平野 63

ひ
眉山 74
広村（現広川町）90
広村堤防（梧陵堤）90

ふ
フィリピン海プレート 86
深川林地 58
福束輪中堤 17
普賢神社 52
普賢岳 51
船越 33
船越ノ浦 33

船越湾　33
へ
　平成新山　51
ま
　益城町　94
み
　水無川　52
　水無川 1 号砂防ダム　54
　水無川 2 号砂防ダム　54
　御勅使川　68
　御勅使川旧堤防　68
　御勅使川扇状地　68
　南砂町　21
　宮古市田老町　29
や
　山田町山の内　32
　山田湾　33
　大和川　76
ゆ
　湯浅町　86
　ユーラシアプレート　38, 86
よ
　横浜港　5
　四十三山（明治新山）　49
　淀川　76
り
　リスボン　38
　リベルダーデ通り　40
　竜王の信玄堤　70
　両城地区　83
　両城の 200 階段　83
　綾里湾　28
ろ
　六甲山　3, 41
わ
　早稲田　8
　輪之内町　17

人名索引

い
　今村明恒　32
か
　河村瑞賢　76
せ
　善徴上人　87
た
　高浜虚子　74
　武田信玄　68
な
　中井常蔵　89
は
　濱口儀兵衛（梧陵）　90
ひ
　平田靱負　71
ふ
　深川冬至　58
へ
　ヘンリー・スペンサー・パーマー　5
ほ
　ホーレス・ケプロン　56
　ポンバル侯爵　38
や
　山内一豊　80
　山内忠義　80
よ
　ヨハネス・デ・レーケ　4

事項索引

あ
安治川開削 76
洗堰 77
安政東海地震 86
安政南海地震 86
安政聞録 90
安八水害 16

い
移動土塊 45
稲むらの火 86
稲むらの火の館 91

う
埋め立て地 41
雲仙岳災害記念館 55

え
液状化現象 7

お
大阪港修築事業 25
大野木場砂防みらい館 52

か
海食崖 6
外水氾濫 16
海抜ゼロメートル 3
海岸段丘 45
火災サージ 52
火砕流 52
霞堤 54
カミソリ堤防 3
旱害 62
雁行堤 70
寛政池紀功碑 63
カルデラ湖 48
関東大震災 43

き
季節風 55
木曽三川改修事業 4

く
区画整理事業 43
釧路沖地震 7
崩 82
熊本地震 94
グリーンベルト 60

け
芸予地震 83
ケレップ水制 73

こ
広域避難場所 94
格子状防風林 56
甲州流河防法 71
耕地防風林 56
閘門方式 73
古期扇状地 41
国土基本図 43
5万分の1地形図 10
根釧台地の格子状防風林 56

さ
砂州 41
砂堆 41
砂防ダム 3
皿池式ため池 62
三角州性低地 41
三角点 3
山体崩壊 74

し
ジェーン台風 26
シェルター 57
地震漫談 32
地すべり 41
自然堤防 16
指定緊急避難場所 94
地盤沈下 3
島原大変肥後迷惑 74
斜面崩壊 41

住宅地図　106
昭和三陸地震　28
新期扇状地　41

す
水準点　3
水制　4
水門　5
スリットダム　54

せ
青函連絡船洞爺丸　59
世界津波の日　91
潜在ドーム　49
扇状地　68

た
耐火建築　59
大火遭遇記念慰霊堂　60
大地震津なみ心え之記碑　86
大地震両川口津波記　86
台風　2
高潮　2
高潮水門　30
高台移転　31
高波　2
高屋敷住宅　18
出し　70
棚田　46
谷池式ため池　62
ため池　62
段丘崖　7
段彩図　11
断層　49

ち
地性線図　11
丁場　80
チリ地震津波　37

つ
築屋敷　81
津波　5
津波スクリーン　107
津波・高潮ステーション　25

津なみ塚　86

て
T.P.　23
堤防　2
泥流　49
鉄道林　57
寺尾の地すべり　45
電子基準点　5

と
東京都南砂町地盤沈下観測所　23
等高線　10
洞爺湖有珠山ジオパーク　51
洞爺湖ビジターセンター　51
導流堤　54
土石流　9

な
内水氾濫　16
流れ山　74
波除地蔵尊　23
波除碑　21

に
日本地図センター　42
2万5千分の1地形図　10
2万分の1仮製地形図　41

ぬ
抜け上がり井戸　23

ね
熱泥流　49

の
農業灌漑システム　62
沼前の地すべり地形　46

は
函館大火　60
函館大火復興計画案大綱　60
春竹小学校　98
阪神大水害　3
氾濫　2

ひ
東日本大震災　5
比高　4

避難所　31
避難場所　31
避難場所誘導標識　31
標高点　3

ふ
風水害記念塔　27
復興小学校　61

ほ
防火帯　59
防火塀　59
防災マップ　51, 106
防災流路工　49
防雪柵　57
防潮水門　25
防潮堤　5
防潮林　30
防波堤　4
防風林　55
宝暦治水工事　71
宝暦治水碑　73
ホワイトアウト　56
ポンバル様式　39

み
水屋　18
港地区復興土地区画整理事業　25

む
室戸台風　25

め
明治三陸大津波伝承碑　29
明治三陸地震　28

も
盛土　25

や
屋敷林　55

ゆ
由比地すべり管理センター　46
遊砂地　51
遊水地　19

よ
溶岩ドーム　52

り
リアス海岸　28
陸繋砂州　33
リスボン大震災　38
流死菩提供養塔　74

わ
輪中　16
輪中堤　16
早稲田　81

≪著者紹介≫

酒井　多加志（さかい　たかし）

北海道教育大学教育学部釧路校教授。前・北海道教育大学附属釧路中学校校長。1960年奈良県生まれ。筑波大学大学院地球科学研究科博士課程単位取得退学。博士（理学）。専門は交通地理学。

主な分担執筆に『都市と交通の空間分析』（大明堂）、『北海道 地図で読む百年』（古今書院）、『日本の地誌 日本総論Ⅱ（人文・社会編）』（朝倉書店）、『日本の地誌 北海道』（朝倉書店）。

地図から読み解く自然災害と防災（減災）

令和元年6月21日　第1刷発行

著　者	酒井　多加志（さかい　たかし）
発行者	三井　栄志
発行所	株式会社　近代消防社

〒105-0001 東京都港区虎ノ門2丁目9番16号
　　　　　　　　　　（日本消防会館内）
TEL　東京 (03) 3593-1401 （代表）
FAX　東京 (03) 3593-1420
URL　http://www.ff-inc.co.jp
E-mail　kinshou@ff-inc.co.jp
振替＝00180-5-1185

印刷製本　創文堂印刷株式会社

ISBN978-4-421-00930-9 C2025　　　©printed in Japan, 2019
定価はカバーに表示してあります。
〈乱丁本・落丁本は、お取替えいたします。〉
編集・著作権及び出版発行権あり
無断複製転載を禁ず